Marcel Proust

BRIEFE AN SEINE NACHBARIN

Herausgegeben und mit
Anmerkungen versehen von
Estelle Gaudry und Jean-Yves Tadié

Aus dem Französischen von
Bernd Schwibs

Mit einem Essay von
Andreas Maier

Mit zahlreichen Abbildungen

INSEL VERLAG

Insel-Bücherei Nr. 1500

INHALT

VORWORT

Dieser veritable kleine Roman beruht auf einer Überraschung: der Entdeckung von dreiundzwanzig Briefen an eine Dame (und drei an ihren Ehemann), von der nichts bekannt war und die sich als Prousts Nachbarin im dritten Stock des Hauses am Boulevard Haussmann 102 entpuppte, Madame Williams, Gattin des amerikanischen Zahnarztes Dr. Charles D. Williams. Dieser hatte im zweiten Stock seine Praxis, also über dem Kopf des armen Marcel: Quelle einer Fülle von Dramen, die dieser Lärmphobiker erleiden musste.

Wir wissen wenig über sie. 1885 als Marie Pallu geboren, heiratete sie zunächst 1903 einen gewissen Paul Emler, der bei einer Seeversicherungsgesellschaft angestellt war und von dem sie 1904 einen Sohn bekam, den Proust gekannt hat. Im Juli 1908, dem Jahr, in dem sie an den Boulevard Haussmann zog, hat sie sich scheiden lassen. Der Zahnarzt ist ihr zweiter (aber nicht ihr letzter) Ehemann. Durch die Briefe Prousts erscheint sie uns wie die Heldin eines Romans von Maupassant, zum Beispiel *Unser Herz* – der übrigens von Madame Straus inspiriert ist, einer Freundin Prousts und dieser Dame, der sie eigentümlich ähnelt, wie auch Laure Hayman[1] (als wollte Proust an ihr die Theorie verifizieren, der zufolge man immer denselben Frauentyp liebt).

Wir wissen, was Céleste Albaret von dem Paar sagte:

»Oben war der ungewöhnliche Williams, der amerikanische Zahnarzt [...]. Williams war ein Sportler, der jeden Samstag mit seinem Chauffeur zum Golfspielen fuhr. Er hatte eine Künstlerin geheiratet, die sehr distinguiert, sehr parfümiert war; sie bewunderte Monsieur Proust und hatte es ihm auch geschrieben. Ich erinnere mich, dass sie Harfe spielte. Ihre Wohnung lag im dritten Stock, über der Praxis ihres Mannes. Monsieur Proust fand, dass sie ein ›ungleiches Paar‹ seien. Ich glaube nicht, dass er Madame Williams persönlich kannte, aber sie haben miteinander korrespondiert, und ich weiß, dass er ihre gewählte Ausdrucksweise in ihren Briefen sehr schätzte.«[2]

Ein Roman in Briefen, in dem die beiden Korrespondenten stilistisch miteinander wetteifern: »aus Wohlwollen – oder einem Spiel mit Spiegelbildern – schreiben Sie meinen Briefen einige der Qualitäten zu, die die Ihren besitzen. Die Ihren sind herrlich, herrlich durch Herz, Geist, Stil, ›Talent‹«, schreibt Proust an Madame Williams, deren Briefe wir nicht mehr besitzen (ebenso wenig wie die der meisten anderen Briefpartner Prousts, vermutlich Opfer eines traurigen Autodafés). Das Aparte an diesen Briefen ist, dass sie zwischen Nachbarn, von einem Stockwerk zum anderen, zuweilen per Post, gewechselt werden! Jedenfalls lässt Proust Madame Williams gegenüber seinen ganzen Charme spielen, glänzt mit seinem Humor, seiner Bildung, seiner Kunst des Kompliments. All das, weil er für diese andere Einsiedlerin, jenseits des Wunsches, einer

Nachbarin zu gefallen, die die Schlüssel zur Stille besitzt, wirkliche Sympathie empfindet, Freundschaft, eine Art Zuneigung, so als ob sie, unsichtbar und doch gegenwärtig, die mütterliche Rolle einer anderen Kranken spielte: Madame Straus.

Worum geht es in den Briefen? Zunächst um den Lärm der Arbeiten im Stockwerk über ihm, der Proust während der Stunden seines Schlafs und bei seiner Arbeit foltert. »Wie richtig von mir, abzuwarten, als Sie den Wunsch äußerten, ich möge nachforschen, ob der morgendliche Lärm von einer Wasserpumpe käme. Was war das im Vergleich zu diesen Hammerschlägen? ›Es wellt hin wie Wasser übers Moos‹, wie Verlaine von einem Lied sagt, ›das bloß klagt, damit es euch gefällt‹.«[3] Tatsächlich bettet Proust jede seiner Bemerkungen in einen humoristischen Vergleich ein und erhöht damit ihren künstlerischen Reiz. Denn alles macht Lärm, selbst die Maler, die wie ein berühmter Tenor singen: »In der Regel glaubt ein Maler, vor allem von Gebäuden, neben der Kunst von Giotto auch die von Reszké pflegen zu müssen. Dieser hier schweigt, während der Elektriker klopft. Ich hoffe, dass Sie bei Ihrer Rückkehr um sich herum nichts weniger als die Fresken der Sixtinischen Kapelle vorfinden …«

Auch von Musik ist die Rede, da Madame Williams die Musik liebt und Harfe spielt (aber vielleicht auch Klavier): »Clary hat mir gesagt, was für eine große Musikerin Sie waren. Werde ich nie hochkommen und Ihnen zuhören dürfen? Das Quartett von Franck, die *Béatitudes*, die Quartette von Beethoven (übrigens alles Musik, die ich hier habe) sind Gegenstände meines allersehnsüchtigsten Verlangens.«

Der Mann, der den Weißdorn oder die Mädchen in ihrer Blüte beschreibt, der Bewunderer von *Parsifal*, dessen Blumenmädchen und »Karfreitagszauber«, er stellt die Blumen ins Zentrum seiner Freundschaft und seiner Korrespondenz. Er schickt sie der jungen Frau und ergeht sich in einem faszinierenden Redeschwall über die Herbstrosen in der Lyrik. Er stellt sich bewusst in die literarische Tradition der Sprache der Blumen. »Alle Frauen sind gefärbt vom Blut der Rosen.«[4] Im Titel des zweiten Bands der *Recherche*, den Proust gerade schreibt, findet man sie wieder. Seine Kenntnis der Lyrik beweist er auch in einem aus dem Gedächtnis entwickelten Pastiche des (einst) berühmten Sonetts von Arvers (das auch in der *Recherche* zitiert wird). Amüsanterweise schreibt Proust (in *Guermantes*) diesen Hang zu lyrischen Zitaten dem Laufburschen Périgot zu, der in Briefen an Bauern, »mit deren Staunen er rechnete, unter seine eigene Betrachtungen Verse von Lamartine mischte, wie man ›kommt Zeit, kommt Rat‹ oder auch nur ›grüß Gott‹ gesagt hätte«.[5]

Die Erinnerung ist denn auch nie weit: »Wenn man Phantasie hat wie Sie, sind einem alle Landschaften, die man geliebt hat, zu eigen, und das ist der unveräußerliche Schatz des Herzens. Doch schließlich ist ein Wohnsitz, wo

Sie sich an die Ihren erinnern, die Sie nur in weit in die Vergangenheit zurückweichenden Träumereien sehen können, etwas sehr Berührendes.« Es ist die Erinnerung an Schönheit, die diese beiden Kranken das Hässliche, das sie umgibt, ertragen lässt. Proust ist krank, Madame Williams, die mit ihrem übrigens oft abwesenden Ehemann nicht sehr glücklich gewesen sein dürfte, ebenfalls. Man sieht sie zur Kur nach Bagnoles-de-l'Orne aufbrechen. Oder auch: »Sie krank zu wissen betrübt mich sehr. Wenn es Ihnen nicht zu langweilig ist, im Bett zu liegen: es wirkt, glaube ich, sehr beruhigend auf die Nieren. Aber vielleicht langweilen Sie sich? (wobei es mir [*ein ausgelassenes Wort: schwierig?*] erscheint, sich mit Ihnen zu langweilen). Könnte ich Ihnen nicht Bücher schicken? Sagen Sie mir, was Sie ablenken würde, es würde mich glücklich machen.« Und eines Sommers, aus Cabourg: »Dass ich krank bin, erscheint mir ganz natürlich. Aber die Krankheit sollte wenigstens die Jugend verschonen, die Schönheit und das Talent.«

Auf dem Grund der Krankheit: die Einsamkeit. Dass Proust einer einsamen Frau seine Begleitung vorschlägt (Brief 18), ist nicht selbstverständlich. Seine Briefe, die die Kunst, sich in die Seele eines anderen Menschen einzufühlen, weit treiben, hätten den Ehemann brüskieren können. Doch die Unbill der Zeitläufte neutralisiert das: der Krieg, seine Leiden, seine Zerstörungen. Man lese den sehr schönen Brief (Nr. 16) über die Bombardierung der Kathedrale von Reims. Madame Williams hat Proust ein Buch bringen lassen, Damar-Latour, *Ce qu'ils ont détruit. La cathédrale de Reims bombardée et incendiée en septembre 1914*, Paris: Éd. pratiques et documentaires (64 S.). Er kommentiert es, nachdem er im Skulpturenwerk von Reims das Erbe des antiken Griechenland und die Ankündigung von Leonardo da Vincis Lächeln erblickt hat: »Ich aber, der, wann immer meine Gesundheit es mir erlaubt, ebenso fromm verzückt zu den Steinen von Reims wie zu den Steinen von Venedig pilgere, ich glaube, dass ich von einem Verlust von Menschlichkeit an dem Tag sprechen darf, da die bereits halbverbrannten Säulen für immer auf jene Engel niederstürzen werden, die, nichtsahnend der Gefahr, noch immer wundervolle Früchte vom stilisierten und dichten Blattwerk des Steinwalds pflücken.« Schlimmer als der Tod der Steine ist der der Menschen, wie ein wunderschöner Beileidsbrief an Madame Williams bezeugt, in dem Proust den Tod von Bertrand de Fénélon heraufbeschwört, von dem alle seine Briefe dieser Zeit sprechen und der im Roman im Tod von Robert de Saint-Loup seine Darstellung findet, bevor er sodann auf den Tod ihres Bruders zu sprechen kommt: »Ich selbst habe nur eine sehr weit zurückgehende und nahezu ununterbrochene Erfahrung der Trauer.«

Madame Williams interessiert sich für Prousts Werk. Also macht er sich die Mühe und erklärt ihr, dass es zum Verständnis seines Werks nicht reicht, *Unterwegs zu Swann* und Auszüge der Fortsetzung in der *Nouvelle Revue Fran-*

çaise von 1914 gelesen zu haben. »Aber werden Ihnen diese aus dem Zusammenhang gerissenen Seiten eine Vorstellung vom zweiten Band vermitteln? Und der zweite Band besagt seinerseits nicht viel; erst der dritte Band wirft Licht auf das Ganze und erhellt, was es mit dem Rest auf sich hat. Nur muss man, wenn man dreibändige Werke in einer Zeit verfasst, in der die Verleger lediglich einen Band auf einmal veröffentlichen wollen, sich damit abfinden, nicht verstanden zu werden, da sich der Schlüsselbund nicht im selben Gebäude wie die geschlossenen Türen befindet.« Man muss auch wissen, dass die Figuren ganz anders erscheinen, als sie dann in der Fortsetzung sein werden, ganz anders, als sie in Wirklichkeit sind. Und er greift das Beispiel des Baron de Charlus auf, den man für den Liebhaber von Odette hält, während Swann ihm zu Recht seine Geliebte anvertraut (da Charlus ja keine Frauen liebt). Und dennoch, so Proust in einer zweiten Wendung, irrt jener sich auch: Odette ist die einzige Frau, mit der Charlus geschlafen haben wird – ein Detail, das in die endgültige Textfassung nicht aufgenommen wird; möglich, dass Proust dazu durch die kurze und dramatische Verbindung zwischen Montesquiou und Sarah Bernhardt inspiriert wurde. Man muss den Gesamtplan berücksichtigen, was nur möglich ist, wenn man den Inhalt der beiden folgenden Bände kennt (also *Guermantes* und *Die wiedergefundene Zeit*: zu jener Zeit glaubt Proust noch, sich mit einem Roman in drei Bänden begnügen zu können).

Und der Ehemann? Der Abwesende der Komödie? Der *Terzo incomodo*? Der Zahnarzt, der den Sommer über in Deauville praktiziert, taucht in *Im Schatten junger Mädchenblüte* auf und wird von Albertine wie folgt beschrieben: »Der kleine Alte mit den gelben Handschuhen sieht doch komisch aus, ist doch toll hergerichtet, was? Das ist der Zahnarzt von Balbec, sonst ein ganz ordentlicher Mann [...].«[6] Es ist faszinierend zu sehen, wie Proust nichts aus seinem eigenen Leben verlorengehen lässt. Es ist, als könnte man hinter jede Nebenrolle einen Namen setzen, hinter jedes Faktum der Fiktion ein reales Ereignis.

Eine weitere in den Biographien häufig vernachlässigte Person taucht hier auf, Clary, ein alter Freund von Proust und Sprössling einer mit Napoleon verbundenen Familie. Er ist auch ein Freund von Madame Williams. Er ist krank, erblindet (Proust wird dieses Merkmal dem gealterten Charlus zuschreiben) und findet im religiösen Glauben Trost – von Proust in ungewöhnlicher Weise betont: »Von ihm sehr nahestehenden Freunden habe ich etwas erfahren, das ich Ihnen *im Vertrauen* sage, denn es ist ein sehr heikles Thema, das mich jedoch glücklich macht, da dies, wie ich glaube, für ihn ein großer Trost sein kann: ich meine das Erwachen eines zutiefst religiösen Lebens, eines *brennenden* und tiefen *Glaubens.*«

Der Ton ist freundschaftlich, von immer größerer Intimität zwischen zwei Solitären. Proust äußert den Wunsch, nach oben kommen zu dürfen und der Musik zu lauschen, begibt sich auch mindestens einmal nach oben[7], interessiert sich für den kleinen Sohn der Williams (1904 geboren; er sieht ihn aufwachsen, findet Gefallen an seinen Besuchen, will ihm Geschenke machen), für den Gesundheitszustand der Dame und spendet ihr Trost.

Schöne Metaphern, Emotion, Ironie, Rhythmus: diese Briefe stammen von einem großen Schriftsteller. Die gängige Meinung über Proust als Briefschreiber muss korrigiert werden. Als die erste Ausgabe der sechsbändigen *Correspondance générale* zwischen 1930 und 1936 erschien (herausgegeben von Robert Proust, Paul Brach und, Band VI, von Suzy Mante-Proust, unter Mithilfe von Philip Kolb), war das Geschrei groß, und es fielen Worte wie Speichelleckerei, Gesellschaftsklatsch, Snobismus und letztlich Langeweile. Mancher bildete sich sogar ein, man brauche nur eine Auswahl zu lesen. Die Wahrheit ist, dass Proust sich bis zu einem unvorstellbaren Punkt in seinen Gesprächspartner hineinversetzt, die Intuition bis zur vollkommenen Verschmelzung treibt. Er erfasst die Gefühle des anderen, bevor dieser selbst sich ihrer ganz bewusst wird, und empfindet sie sozusagen lebhafter als dieser andere. Er schneidet ihm gleichsam das Wort ab, um an seiner Stelle zu sprechen.

Die letzten von Proust geschickten Briefe haben wir nicht. Enthielten sie bewegende Abschiedsworte? Werden sie wie so viele andere eines Tages wieder auftauchen, nachdem sie in unbekannten Sammlungen schlummerten? Der

Zahnarzt verlässt den Boulevard Haussmann zur selben Zeit wie Proust. Durch den Verkauf des Hauses dazu gezwungen, zieht Proust am 30. Mai 1919 aus. Von Madame Williams hat Proust niemandem erzählt. Diese geht einem traurigen Schicksal entgegen: Nach der Scheidung vom Zahnarzt heiratet sie den berühmten Pianisten Alexander Brailowsky und erfüllt so eine Liebe zur Musik, die der Zahnarzt lediglich durch das Geräusch der Roulettekugel befriedigen konnte. 1931 dann, mit einem letzten und tragischen Knalleffekt, begeht sie Selbstmord. Da war Proust schon lange nicht mehr da, um sie zum Lachen zu bringen oder zu trösten.

In der vorliegenden Form hat dieser Dialog, von dem wir nur die eine Stimme hören und deren andere wir lediglich anhand ihrer Spiegelung, ihres Echos wiederherstellen können, die Schönheit jener verstümmelten Statuen, deren Fotografien Proust seiner Nachbarin verdankt und die er im Zusammenhang mit der Kathedrale von Reims heraufbeschwört.

JEAN-YVES TADIÉ

ZU DIESER AUSGABE

Wie die meisten Briefe von Proust sind die Briefe in diesem Band nicht datiert. Wir haben daher die am logischsten erscheinende Abfolge gewählt: das immer enger werdende Verhältnis, Anspielungen auf Arbeiten, auf Blumensendungen, auf den Krieg, auf Joachim Clary, auf Veröffentlichungen Prousts bieten eine tentative Hilfe. Bei unseren Datierungen handelt es sich mithin um Hypothesen.

Marcel Proust (Fotografie aus Privatbesitz)

Mme Williams. Unveröffentlichte Fotografie (Privatbesitz)

DIE BRIEFE

I

[1908?]

Madame,

Ihre Briefe sind regelrechte »Partherbriefe«[8]. Sie erwecken in mir ein so großes Verlangen, ja scheinen es mir förmlich zu erlauben, Sie zu besuchen: Und in dem Augenblick, da ich den Brief erhalte, sind Sie verreist! Ich wünsche mir von ganzem Herzen, dass das kommende Jahr Trost bringt, ich sage nicht Vergessen, ist die Erinnerung doch der stolze Schatz verletzter Herzen, der Qualen, die Ihnen das zu Ende gehende Jahr beschert. Ich schließe in meine guten Wünsche auch den Doktor ein, den ich zwar nicht kenne, doch die Loblieder, die Madame Straus[9], die alle auf ihn singen, habe ich vernommen. *Und ganz besonders Ihren Sohn, der mir versprochen hatte, mir seine Wünsche mitzuteilen*, damit ich sie erfüllen kann, und dessen Diskretion, sagen Sie ihm dies bitte, nicht freundlich ist. Madame, seien Sie herzlich bedankt für Ihre gütige Sorge um meine Ruhe, mit den ergebensten Grüßen

IHR MARCEL PROUST

2

[Ende 1908 – Anfang 1909]
1 Uhr

Madame,

von ganzem Herzen danke ich Ihnen für Ihren schönen und liebenswürdigen Brief und *möchte Sie im Gegenteil bitten, von nun an allen erdenklichen Lärm zuzulassen*. Denn ich hatte nicht damit gerechnet, dass mich eine derart lebhafte Bedrückung am Versuch zu schlafen hindern würde. Der Lärm wird mich also nicht im Mindesten stören (mich vielmehr für den Tag entlasten, an dem ich mich ausruhen könnte[10]). Sie krank zu wissen betrübt mich sehr. Wenn es Ihnen nicht zu langweilig ist, im Bett zu liegen: es wirkt, glaube ich, sehr beruhigend auf die Nieren. Aber vielleicht langweilen Sie sich? (wobei es mir [*ein ausgelassenes Wort: schwierig?*] erscheint, sich mit Ihnen zu langweilen). Könnte ich Ihnen nicht Bücher schicken? Sagen Sie mir, was Sie ablenken würde, es würde mich glücklich machen. Sprechen Sie nicht von lästigen Nachbarn, sondern von Nachbarn, die so reizend sind (eine eigentlich widersprüchliche Verbindung von Wörtern, wo Montesquiou[11] doch behauptet, dass am fürchterlichsten 1. Nachbarn, 2. der Geruch von Postämtern seien), dass sie das ständige,

Tantalusqualen gleichende Bedauern hinterlassen, nicht ihre Nähe nutzen zu können.

Mit der Bitte, mich dem Herrn Doktor in Erinnerung zu bringen, verbleibe ich mit den ergebensten und dankbarsten Grüßen

IHR MARCEL PROUST

Ungeachtet der trüben Tage dürften Blumen Ihnen Freude bereiten. Und »welche«, wie Verlaine sagt?

1 heure

Madame,

Je vous remercie de tout mon cœur de votre belle et bonne lettre et *viens vous demander au contraire de ne pas faire à partir de maintenant tout le bruit que vous pouvez*. J'avais compté en effet sans une offense si vive qu'elle m'empêche d'essayer

de dormir. Le bruit ne me
gênera donc en rien (et ne me
débarrassera d'autant pas un
jour où je pourrais me reposer).
Je suis bien triste de vous savoir
malade. Si le lit ne vous ennuie
pas trop je crois qu'il exerce par
lui-même sur les reins une
action très sédative. Mais peut
être vous ennuyez-vous (quoique
il ne semble de ~~vous~~ s'ennuyer

3

[Ende 1908 – Anfang 1909]

Cher Monsieur,

ich bitte Sie freundlichst, Madame Williams mit meiner ganzen Verehrung diese Blumen zu überreichen, die, ohne Sie mit leeren Worten zu ermüden, Ihnen meine Dankbarkeit für die gütige Aufmerksamkeit zu erkennen geben sollen, die Sie mir gegenüber erweisen und worin Sie bitte den Ausdruck meiner Aufrichtigkeit und Hochachtung finden mögen.

MARCEL PROUST

Ich zähle unbedingt darauf, dass Sie mir sagen, was ich Ihnen für die Kosten schulde, die Ihnen durch die Verschiebung der Arbeitszeiten entstehen.

4

[Ende 1908 – Anfang 1909]

Madame,

ich bin zu leidend, um zu schreiben, danke Ihnen aber zutiefst für den Brief, der mir, das kann ich Ihnen versichern, einen nachhaltigeren und ebenso bunten Eindruck verschafft hat wie ein Blumenstrauß. Einen nach dem anderen der zu allen Zeiten zum Ruhme der Herbstrosen verfassten schönen Verse habe ich in meinem Gedächtnis zu einem Strauß aller *geschriebenen Rosen* zusammengestellt: die Herbstrose, »mehr als jede andere auserlesen« von d'Aubigné (eine Herbstrose ist mehr als jede andere auserlesen), von Verlaine: »O!, wann erblühen wieder die September-Rosen«, von Gérard de Nerval neben der »Rose mit violettem Herzen, Blume Sankt Gudulas« das Spalier, »wo Rose sich und Rebe innig sind«[12], nicht gerechnet die zahllosen »reifen Rosen« zweier Dichterinnen, guter Freundinnen von mir, die ich leider nicht mehr sehe, seitdem ich nicht mehr aufstehe, Madame de Noailles und Madame de Régnier. Die Ihren nun schienen mir würdig, dazugesellt zu werden, Ihre Prosa, ihren Versen ebenbürtig zu sein. Über Ihre Rosen in der Abenddämmerung würde ich diese Inschrift von Pelleas setzen

Je suis une Rose dans les ténèbres.[13]

Nehmen Sie, Madame, bitte den hastigen und leidenden Ausdruck meiner ergebenen Dankbarkeit entgegen.

MARCEL PROUST

Madame,

Je suis bien souffrant
pour écrire mais je
vous remercie profondément
de la lettre qui m'a
apporté une vision plus
durable je vous assure
qu'un bouquet et aussi
colorée. Les uns après les
autres les beaux vers

écrits dans tous les temps à
la gloire des roses d'automne
"la rose d'automne est plus
qu'une autre exquise" de
d'Aubigné (une rose d'automne
est plus qu'une autre exquise)
de Verlaine: "Ah! quand
refleuriront les roses de
Septembre", de Gérard
de Nerval à côté de
la "Rose au cœur violet, fleur
de Ste Gudule"

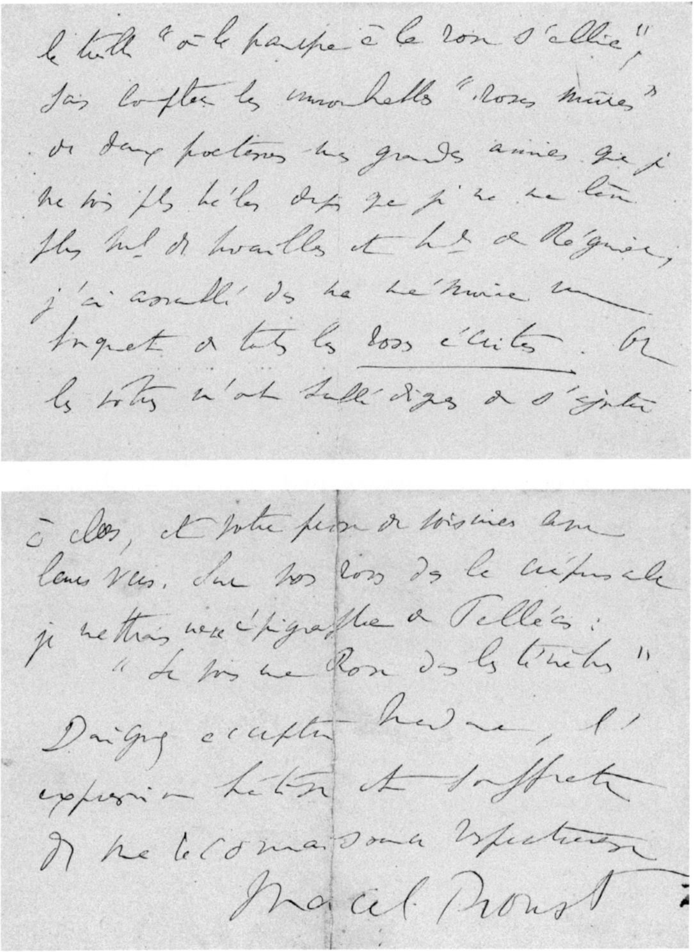
la tête « où le pampre à la rose s'allie » ;
sans compter les immortelles « roses mûres »
de deux poétesses si grandes amies que je
ne sais plus laquelle depuis que je ne les lis
plus Mme de Noailles et Mme de Régnier,
j'ai assemblé dans ma mémoire un
bouquet de toutes les roses écrites. Or
les vôtres m'ont semblé dignes de s'ajouter
à elles, et votre peine de voisiner avec
leurs vers. Sur vos roses dans le crépuscule
je mettrais une épigraphe de Tellès :
« Je vis une Rose dans les ténèbres »
Daignez accepter Madame, l'
expression hâtive et souffrante
de ma reconnaissance respectueuse
Marcel Proust

5

[1909?]

Madame,

ich beneide Sie um Ihre schönen Erinnerungen. Gewiss gehört nicht nur dieser wunderschöne Wohnsitz Ihnen, der an Combourg denken lässt in einer weniger gravitätischen Gegend, die aber gleichfalls ihre Poesie hat. Wenn man Phantasie hat wie Sie, sind einem alle Landschaften, die man geliebt hat, zu eigen, und das ist der unveräußerliche Schatz des Herzens. Doch schließlich ist ein Wohnsitz, wo Sie sich an die Ihren erinnern, die Sie nur in weit in die Vergangenheit zurückweichenden Träumereien sehen können, etwas sehr Berührendes. Bagnoles[14] kenne ich nicht, aber ich liebe die Normandie so sehr, dass ich es mir überaus liebenswert vorstelle. Und dabei habe ich wie alle Kranken gelernt, mein Leben in Hässlichkeit zu verbringen, in der es mir, Ironie des Schicksals, im Allgemeinen weniger schlecht geht. Ich hoffe, dass Bagnoles Ihnen guttut, ich hoffe auch, dass Sie Ihren Sohn bei sich haben, den ich leider in Paris nicht gesehen habe. Sie sind sehr gütig, an den Lärm zu denken. Bislang ist er moderat, kommt der Stille vergleichsweise nahe. Dieser Tage ist ein Klempner jeden Morgen von 7 bis 9 gekommen; eine sicher von ihm gewählte Stunde. Ich kann nicht behaupten, dass diesbezüglich meine Vorlieben mit den seinen harmonierten! Aber er war recht erträglich, und so war wirklich *alles*. Nehmen Sie bitte, Madame, meine ergebenen Grüße in aufrichtiger Verbundenheit entgegen.

MARCEL PROUST

Ich hoffe, Sie haben gute Nachrichten vom Doktor. Bitte grüßen Sie ihn von mir.

6

[1909]

Cher Monsieur,

ich schicke Ihnen meine kleinen (und sehr alten!) *Porträts von Malern*[15]. Sie sind bereits in meinem illustrierten Band *Freuden und Tage* (ihn haben Sie, glaube ich, nicht per Post erhalten, wie die Ruskins, er sollte Ihnen überbracht werden), aber die Musik ist in dem Band schwer zu lesen und ist sehr viel besser graphisch dargestellt in diesen kleinen Stücken, von denen, sofern Madame Williams, deren bewundernswertes Talent ich kenne, neugierig sein sollte und einen kurzen Blick hineinwerfen möchte, nicht so unangenehm berührt sein wird wie von dem recht blass wirkenden Faksimile im Buch. Der heutige Nebel verursacht mir solche Anfälle, dass ich kaum die Kraft habe, diese Zeilen zu schreiben, so dass ich fürchte, noch unleserlicher zu sein als die musikalischen Faksimiles. Das hindert mich, erschöpft von den Schmerzen, aber dennoch gewillt, bevor ich versuche, mich am Abend etwas auszuruhen, Ihnen die Stücke hinaufbringen zu lassen, die ich erst jetzt, so spät, erhalten habe, Ihnen für einen bereits etwas älteren reizenden Brief gebührend zu danken, auf den ich gern etwas eingehender geantwortet hätte, aber ich mache im Augenblick so schlimme Tage durch, dass ich ein ziemlich schlechter Briefeschreiber bin. Dennoch immer bereit, Ihnen prompt zu antworten, wenn Sie mich etwas fragen wollten.

Mit dem Ausdruck meiner ergebensten Hochachtung

MARCEL PROUST

7

[Sommer 1909]

Madame,

Ihre Zeilen haben mich in Paris zu erreichen gesucht und holen mich in Cabourg ein … leider in dem Augenblick, da ich in den Zug steige! Andernfalls hätte ich, da meine unaufhörlichen Anfälle mich in dieser Luft – und deshalb suche ich sie auf – einen Augenblick zur Ruhe kommen lassen, versucht, Ihnen für Ihren reizenden Brief zu danken. Ich hätte versucht und wiege mich nicht in der Hoffnung, dass es mir gelungen wäre, da ich aus Erfahrung weiß, wie unmöglich es mir war, sehr liebe Freunde von mir, die von weit her gekommen waren, zu empfangen. Aber ich hätte es jedenfalls versucht. Es stimmt mich traurig, zu erfahren, dass auch Sie unpässlich waren. Dass ich krank bin, erscheint mir ganz natürlich. Aber die Krankheit sollte wenigstens die Jugend verschonen, die Schönheit und das Talent. Wenigstens steht Ihnen ein liebendes Herz stützend zur Seite! Von ganzem Herzen hoffe ich, dass es Ihnen dieses Jahr gesundheitlich richtig gut geht, und mit der Bitte, mich auch Doktor Williams zu empfehlen, verbleibe ich mit den ergebensten Grüßen

IHR MARCEL PROUST

Entschuldigen Sie bitte diesen Brief, den ich schrieb, als ich in den Zug stieg.

8

[1909?]
Boulevard Haussmann 102

Monsieur,

da ich so oft meine Sorgen an Ihnen auslasse, indem ich Sie, wenn meine Asthmaanfälle zu heftig sind, bitten lasse, mir ein wenig Ruhe zu verschaffen – ist es, glaube ich, angemessen, dann, wenn mir etwas Angenehmes widerfährt, es mit Ihnen zu teilen. Ich hoffe, Sie nehmen diese vier Fasane mit der Selbstverständlichkeit an, mit der ich sie Ihnen als Nachbar anbiete. Ich werde mir zudem erlauben, Ihnen einige meiner Werke mitzuschicken. Leider sind meine Artikel im *Figaro*[16] noch nicht zu einem Band zusammengefasst, was Sie vielleicht am meisten interessiert hätte. Aber in der Zwischenzeit kann ich Sie mit dem Übrigen beehren. Ich empfehle mich Ihrem Entgegenkommen für übermorgen, *Montag*, den 19. Ich muß die große Anstrengung machen und versuchen, abends auszugehen, und da ich die ganze Nacht über Asthmaanfälle habe, ist es, wenn am Morgen Hammerschläge über mir dröhnen, für den Rest des Tages aus mit meiner Ruhe, der Anfall hört dann nicht mehr auf, und auszugehen wird mir unmöglich.

Mit dem Ausdruck meiner vorzüglichen Hochachtung

MARCEL PROUST

9

[17. Dezember 1909]
Freitag

Marcel Proust bittet Madame Williams, seinen ergebenen und entzückten Dank entgegenzunehmen für den schönen künstlerischen Brief, den ihm zu schreiben sie die Liebenswürdigkeit hatte und der ihm zur Ehre gereicht. Er wäre ihr sehr verbunden, wenn sie sich beim Doktor zu seiner Fürsprecherin machen könnte, dass am morgigen Samstag nicht zu großer Lärm herrscht, da er am Abend einen Augenblick ausgehen muss. Sobald sein Freund Monsieur Hahn aus Aachen zurück ist, wo er Prométhée[17] dirigiert hat, wird er nicht versäumen, ihm von dem reizenden Lob Mitteilung zu machen.

Vendredi

Marcel Proust
prie Madame Williams
de vouloir bien accepter ses
respectueux remerciements
sous le charme, pour la
belle lettre d'artiste qu'
elle a eu la grâce et lui
a fait l'honneur de lui
écrire. Il lui serait bien

reconnaissant d'être son
interprète auprès du docteur
pour ne pas avoir trop de
fièvre demain Samedi,
devant sortir un moment
le soir. Il ne manque
pas de dire que son ami Mr.
Hahn sera revenu d'
Aix la Chapelle où il est
allé conduire Prométhée de
lui communiquer sa gracieuse
louange.

10

[1911?]

Madame,

ich bin äußerst verwirrt darüber, dass ich Ihnen noch nicht gedankt habe. Die wahre Wahrheit ist, dass ich die Briefe (von denen es scheinen könnte, sie wollten etwas von Ihnen erbitten) so lange aufschiebe, bis es zu spät ist und ~~um~~ sie folglich nicht mehr aufdringlich sind. Wenn man bedenkt, wie kurze Zeit an der Sainte-Chapelle gearbeitet wird (der Vergleich kann, denke ich, nur schmeichelhaft sein), ist zu vermuten, dass, wenn dieser Brief Sie in Annecy erreicht, die Verschönerungen des Boulevard Haussmann vor dem Abschluss stehen werden.

Die wahre Wahrheit, sagte ich, die »Wahrheit«, wie Pelleas sagt,[18] findet sich nicht in dem Brief, der Ihnen zugeschickt wurde und von dem Sie mir dankenswerterweise einen Ausschnitt zukommen ließen (ich habe ihn gerade nicht zur Hand, werde ihn Ihnen aber zurückgeben). Es ist eher ein Telegramm der Agentur Wollff. Im Übrigen kann ich wohl schlecht Richter in eigener Sache sein. Ich hege keinerlei Groll gegenüber Madame Terre[19] (wie heißt es so schön: le Roi *Soleil* und Madame *Mère*). Ich habe für sie, zu Ehren jener Kybele, die vielleicht den Toten, aber mitnichten den Lebenden Stille ankündigt, mehr als ein Versstück transponiert, angefangen mit dem berühmten Sonett.

Ein Übel bedrängt mich, und jeder weiß seinen Namen:
TERRE! Ach, unheilbares Übel, darunter mein Los
Ist's zu leiden. Zu ihren Füßen, allein,
Zweifellos unbemerkt schmachtend, trost-
los, bis an mein Ende wird es so sein:
Um Stille fleht ich – und bleib ungestillt.
Von Gott nicht erschaffen leise noch mild,
Sprach sie ihr Urteil: So ertrage ich all
Diesen hämmernden Lärm, erhaben über den Hall
Ihrer Schritte. Für mein Bitten so taub,
Sie, die ans heilige Mitleid nicht glaubt,
Liest sie selbst meinen Vers, der nur von ihr spricht:
»Wer ist diese Frau?«, fragt sie – und erkennt sich nicht.[20]

Im Übrigen, wer weiß? Ich war immer der Meinung, Lärm sei erträglich, wenn er stetig ist. Da nachts der Boulevard Haussmann ausgebessert, tagsüber Ihre Wohnung instand gesetzt und zwischendurch der Laden von Nr. 98b abgerissen wird, ist es wahrscheinlich, dass dann, wenn diese harmonische Mannschaft sich in alle Winde zerstreuen wird, die Stille in meinen Ohren so unnormal klingen wird, dass ich um die verschwundenen Elektriker und den abgereisten Tapezierer weinen und meiner Wiegefrau[21] nachtrauern werde. Madame, nehmen Sie bitte den Ausdruck meiner vorzüglichen Hochachtung entgegen.

MARCEL PROUST

11

[Sommer 1914]

»Die Blumen folgen ...«

Madame,

die *Nouvelle Revue Française* hat meine Auszüge in zwei Nummern, Juni und Juli, veröffentlicht. Wenn ich Ihnen 3 (2 Nummern vom Juli) schicke, dann, weil ich leider nur Exemplare bekommen kann, die auseinandergeschnitten wurden, um Teile davon auf die Fahnen vom 2. Band zu kleben, der dann erscheinen sollte und den die »aspera fata«[22] gestoppt haben. Die ausgeschnittenen Stücke dürften nun in den beiden Nummern nicht die gleichen sein. Aus beiden können Sie ein Ganzes erstellen. Und leider werde ich sie später wohl von Ihnen zurückerbitten müssen. Aber selbstverständlich werden Sie das ganze Werk als Buch erhalten! Ich werde es Ihnen komplett zuschicken![23] – Was ich Ihnen über die wirkliche Bedeutung jedes einzelnen Teils sagte, die ihm erst durch den jeweils folgenden zugewiesen wird, so können Sie davon ein Beispiel in der Juni-Nummer sehen. – In *Swann* konnte man sich wundern, dass Swann seine Frau immer wieder Monsieur de Charlus anvertraut, ihrem vermeintlichen Liebhaber, oder vielmehr konnte man sich darüber wundern, dass der Autor sich die Mühe machte, nach so vielen drittklassigen Vaudeville-Schreibern nochmals diese Blindheit der Ehegatten (oder Liebhaber) aufzulegen. In der Juni-Nummer nun werden Sie sehen – denn hier erscheint der erste Hinweis auf das Laster von Monsieur de Charlus –, dass der Grund, warum Swann wusste, dass er seine Frau Monsieur de Charlus anvertrauen konnte, ein ganz anderer war! Aber ich hatte ihn nicht bereits im 1. Band ankündigen wollen, habe es vielmehr vorgezogen, mich damit abzufinden, banal zu wirken, damit man die Person so wie im Leben kennenlernt, wo die Leute einander auch erst nach und nach kennenlernen. Vom 3. Band an wird man übrigens erkennen, dass Swann sich trotzdem täuschte: Monsieur de Charlus hatte nie Beziehungen zu einer Frau, außer zu einer, und das war Odette.[24] – Ich leide bei dem Gedanken, dass Sie krank und eingesperrt sind, wie sehr wünschte ich, dass Nephritis und Neuritis nur mehr eine schlimme Erinnerung wären, die Sie in keiner Weise hinderte, ein angenehmes Leben zu führen. Aber ich denke, dass Ihre Gesellschaft mehr wert ist als die anderer Menschen, was für Sie ein (ganz persönlicher) Grund sein dürfte, die Einsamkeit zu schätzen. Madame, nehmen Sie bitte meine ergebensten Grüße entgegen.

MARCEL PROUST

12

[Oktober 1914?]

Madame,

es ist mir immer eine sehr große Freude, einen Brief von Ihnen zu erhalten. Der letzte hat mir ganz besonders gutgetan in diesen schrecklichen Stunden, in denen man um all jene zittert, die man liebt, und damit meine ich nicht nur diejenigen, die man kennt. Es sollte dennoch erlaubt sein, ohne egoistisch zu wirken, sich um jemand in besonderem Maße zu sorgen, und das Schicksal meines Bruders, der an der vordersten Front operiert und dem das Lazarett bombardiert wurde, wobei die Granaten bis auf den Operationstisch fielen und er seine Verwundeten in die Keller bringen musste, liegt mir besonders am Herzen. Glücklicherweise ist er bisher heil davongekommen und wurde im Tagesbefehl der Armee erwähnt.[25] Ich hoffe, dass auch Sie gute Nachrichten von den Ihren haben. Ich selbst muss demnächst vor dem Musterungsausschuss erscheinen, ich weiß nicht, ob ich genommen werde oder nicht. Letzten Sommer hatte ich Ihnen schreiben wollen, um zu erfahren, wie es Ihnen geht. Aber schon lange vor dem Krieg wurde ich von Sorgen erdrückt, angefangen damit, dass ich nahezu völlig ruiniert war, was für mich eine schlimme Erfahrung war. Doch wenig später ist mein armer Sekretär ertrunken, als er mit dem Flugzeug ins Meer stürzte.[26] Und der immense Kummer darüber, der noch immer andauert, hat mich gehindert, an materielle Ärgernisse zu denken, die gemessen an seelischem Schmerz doch recht unbedeutend sind. Sie kennen ihn vielleicht vom Sehen, denn er wohnte mit seiner Frau bei mir. Was Sie aber nicht wissen können, das war die hohe Intelligenz, die ihn auszeichnete, die ihm gleichsam angeboren war, da er keine formale Bildung hatte, sondern bis dahin ein einfacher Mechaniker gewesen war. Nie habe ich besser die Tiefe jenes Ausspruchs verstanden, »Der Geist weht, wo er will.«[27] Der Teil Ihres Briefes, in dem Sie mir von Clary[28] berichtet haben, hat mir nicht das wenigste Vergnügen bereitet, Vergnügen gepaart mit Schmerz, da Sie mir schreiben, dass er noch immer leidend sei. Er ist ein wirklich rares Geschöpf, ich empfinde tiefe Zuneigung zu ihm; ich denke, dass er das nicht glaubt, da ich sie ihm aus Taktgefühl, das größer ist, als er vermutet, nie gezeigt habe. Doch es gibt niemanden, dessen Gesellschaft mir angenehmer gewesen wäre. Ich sehe ihn nie und denke ständig an ihn. Ich weiß nicht, ob er mein Buch erhalten hat, ich habe es ihm geschickt, als es erschien (dies ist kein Vorwurf, weil er mir nicht geschrieben hat, er ist leidend und damit entschuldigt). Aber ich weiß nicht, ob die Adresse richtig war. Zudem ist mein Gedächtnis durch die Medikamente so in Mitleidenschaft gezogen, dass es mir nicht gelingt, mich genauer zu erinnern, ob das Buch nicht vielleicht zurückgekommen ist oder ob es mir nur so vorkommt. Sicher ist jedenfalls, dass ich es geschickt habe. Oft möchte ich aus ganz egoistischem Antrieb schreiben. [*Fehlendes Wort*] von seiner Gesundheit sprechen. Ich habe Angst, dass er einfache Gesundheitsregeln vernachlässigt [...] die ihm vielleicht sehr schnell [die] Gesundheit zurückgeben könnten. Ich habe Leute gekannt, die sich ihr Leben schwergemacht [...][29], die ständig unter Gelenkschmerzen litten bis zu dem Tag, [*an dem*] erstaunlich einfache [...] rigoros befolgte Anweisungen sie davon befreiten und sie die verlorene Zeit bedauern ließen. Ich wüsste gern, ob Clary, bevor er mit der Behandlung begann, einen großen »Diagnostiker« aufgesucht hat, und sei es nur einmal. Zum Beispiel Doktor Faisans.[30] Ich kenne Clary als sehr verschlossen, in sich gekehrt, und das hat mich gehindert, ihn darauf anzusprechen. Aber da Sie mir von seinem Gesundheitszustand erzählen, würden Sie mir eine große Freude machen, wenn Sie ihm berichteten, dass dieser mich sehr beschäftigt. Ihrer, Madame, lässt hoffentlich nichts zu wünschen übrig. Der Doktor war so nett, in Cabourg seine Visitenkarte zu hinterlassen. Hätten Sie die große Güte, ihm zu sagen, dass ich seit jenem Tag den Wunsch hegte, ihn in ~~Deauville~~ Trouville aufzusuchen. Doch die Automobile durften nach 6 Uhr nicht fahren. Und ich schaffte es nicht, früh genug loszufahren. Einmal wäre es gegangen, aber da war es unmöglich, ein Automobil zu finden. Hätte ich nicht den von einem Tag auf den nächsten immer wieder aufgeschobenen Plan gehabt, ihn zu besuchen, hätte ich ihm geschrieben [*der Schluss des Briefs fehlt*].

13

[1914?]

Madame,

gestatten Sie mir, mich Ihnen und dem Doktor für morgen, Dienstag, wegen des Lärms (zu früher Stunde) in Erinnerung zu bringen. Ich musste heute unter mehr als gesundheitsgefährdenden Umständen ausgehen, und ich fürchte sehr den morgigen Tag. – Wenn es mir in einiger Zeit besser geht, würde ich mich freuen, Ihnen von Clary zu berichten. Von ihm sehr nahestehenden Freunden habe ich etwas erfahren, das ich Ihnen *im Vertrauen* sage, denn es ist ein sehr heikles Thema, das mich jedoch glücklich macht, da dies, wie ich glaube, für ihn ein großer Trost sein kann: ich meine das Erwachen eines zutiefst religiösen Lebens, eines *brennenden* und tiefen *Glaubens.*

Ihr sehr ergebener

MARCEL PROUST

Was Clary angeht, so bitte ich Sie, zumindest vorerst nichts davon zu erzählen.

parler de Clary. J'ai appris par des
amis très chers à lui une chose que je vous
dis en confidence car c'est en effet très déli-
cat mais qui me rend très heureux parce que je
crois que cela peut être pour lui une grande conso-
lation : je vous dirai qu'il était de vie profondément
religieuse, d'une foi ardente et profonde. Votre
Madame très respectueux
Marcel Proust

Pour Clary je vous
demande de n'en pas
parler (de mes propos.
Souvenirs

Me permettez-vous de me
recommander à vous et au
Docteur pour demain Mardi
au sujet du bruit (de bonne heure). J'ai dû
sortir aujourd'hui dans des condi-
tions de santé pires que dangereuses
et je crains beaucoup le lende-
main... Si dans q.q. temps je vais
mieux je serais heureux de vous

14

[Herbst 1914]
Nacht von Mittwoch auf Donnerstag

Madame,

aus Wohlwollen – oder einem Spiel mit Spiegelbildern – schreiben Sie meinen Briefen einige der Qualitäten zu, die die Ihren besitzen. Die Ihren sind herrlich, herrlich durch Herz, Geist, Stil, »Talent«. – Die Fortsetzung von *Swann* (wenn ich recht verstanden habe)? oder aber *Swann*? Wenn es um die Fortsetzung geht, da gibt es die tatsächlich recht langen Auszüge des zweiten Bandes, die in der *Nouvelle Revue Française*[31] erschienen sind. Als der Krieg ausbrach, konnten der zweite und dritte Band natürlich nicht erscheinen. Ich habe Freunde, die weiter Bücher schreiben, und sie veröffentlichen sie auch, da sie sie mir schicken. Vermutlich ist ihr Verleger nicht wie der meine einberufen worden, ihr Denken ist nicht so mobil gemacht wie das meine, das aufgrund von »Prüfungen«[32] in diesem Augenblick auf anderes gerichtet ist als auf die Fahnen, die ich korrigieren müsste. Wenn es also um die Fortsetzung von Swann geht, habe ich nur die Auszüge aus der *Nouvelle Revue Française*. Das nahm zwei Heftnummern der Zeitschrift ein. Ich muss sie haben. Aber wo? Ich werde sie suchen. Wenn ich sie heute nicht finde, werde ich Gide schreiben, dem alleinigen Direktor der *Nouvelle Revue Française*, der (soweit ich weiß) in Paris selbst stationiert ist. Ich bin zu glücklich, eine solche Leserin zu haben, als dass ich diese Gelegenheit verstreichen lassen möchte. Aber werden Ihnen diese aus dem Zusammenhang gerissenen Seiten eine Vorstellung vom zweiten Band vermitteln? Und der zweite Band besagt seinerseits nicht viel; erst der dritte Band wirft Licht auf das Ganze und erhellt, was es mit dem Rest auf sich hat. Nur muss man, wenn man dreibändige Werke in einer Zeit verfasst, in der die Verleger lediglich einen Band auf einmal veröffentlichen wollen, sich damit abfinden, nicht verstanden zu werden, da sich der Schlüsselbund nicht im selben Gebäude wie die geschlossenen Türen befindet. – Wahr ist, dass man sich mit Schlimmerem abzufinden hat, nämlich damit, nicht gelesen zu werden. Wenigstens hätte ich die Freude zu wissen, dass sich auf diese Seiten die klugen, schönen Blicke gerichtet haben.

Ich weiß nicht, ob Sie seinerzeit einige der intelligenten und allzu wohlwollenden Artikel über dieses Buch gelesen haben; sie könnten Sie möglicherweise amüsieren, da in ihnen ein wenig von Ihrem Nachbarn und sogar von seinem Zimmer die Rede ist (Lucien Daudet, M. Rostand, J. Blanche etc.[33]). Ich danke Ihnen für Ihre Mitteilung, dass ich von einem Ihrer Freunde des »Front« gelesen werde. Nichts kann mich stolzer machen. Madame, nehmen Sie bitte meine ergebensten und dankbarsten Grüße entgegen.

MARCEL PROUST

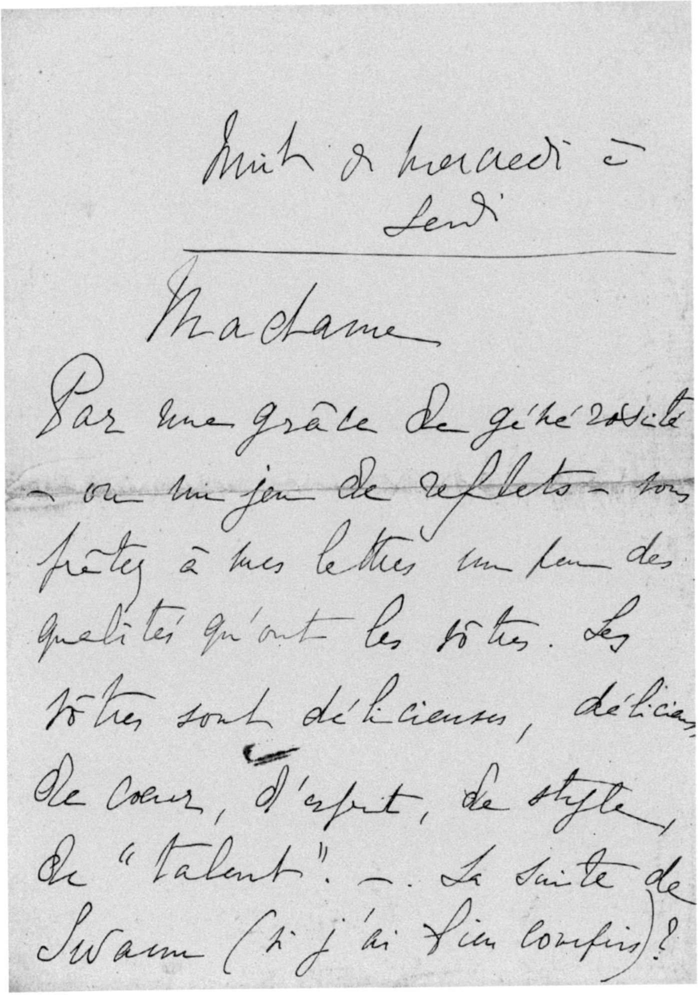

Nuit de mercredi à jeudi

Madame

Par une grâce de générosité – ou un jeu de reflets – vous prêtez à mes lettres un peu des qualités qu'ont les vôtres. Les vôtres sont délicieuses, délicates de cœur, d'esprit, de style, de "talent". – La suite de Swann (si j'ai bien compris)?

ou Pier Swann ! Si c'est la suite, il n'y a que les Extraits, fort longs il est vrai, du 2e volume, parus dans la Nlle Revue Fçaise. La guerre est arrivée, le 2e et le 3e volume n'ont pu paraître, naturellement. J'ai des amis qui continuent à faire des livres, et à les publier, puisqu'ils me les envoient. Sans doute leur éditeur n'est pas mobilisé

Comme le mien, leur pensée n'est
pas mobilisée comme le mienne qui
a fait d'"épreuves" en ce moment est
tournée vers d'autres que celles qu'il
me faudrait corriger. Donc si c'est
la suite de Swann je n'ai que les Extraits
de la Nlle R.F. Cela ferait deux nos de
la Revue. Je dois les avoir. Mais où ?
Je vais les chercher. Si je ne les retrouve

pas aujourd'hui, j'écrirai à Gide, le seul
directeur de la N.R.F. qui soit mobilisé à
Paris même (autant que je sache). Je suis
trop heureux d'avoir une telle lectrice pour
manquer cette occasion. Mais ces pages détachées
vous donneront-elles une idée du 2e volume ?
Et le 2e volume lui-même ne signifie pas gd
chose ; c'est le 3e qui projette la lumière et
éclaire les plans du reste. Seulement quand
on fait des ouvrages en 3 volumes à une époque où

les éditeurs ne voulant à publier qu'un à la fois, il faut se résigner à ne pas être compris, puisque le trousseau de clefs n'est pas dans le même corps de bâtiment que les portes closes. — Il est vrai qu'il faut se résigner à q. q. chose de pire qui est de ne pas être lu. Du moins j'aurai la joie de savoir que se sont posés sur les pages les beaux regards lucides.

Je ne sais pas si vous avez lu, à l'

époque d'intelligents et
trop indulgents articles sur
le livre qui vous amuseraient
peut-être parce qu'ils parlent
un peu de votre poésie et même
de sa chambre (Lucien Daudet,
M. Rostand, J. Blanche etc).
Je vous remercie de m'avoir dit
que je suis un peu un de vos amis
du "Front". Rien ne peut me
rendre plus fier. Veuillez agréer

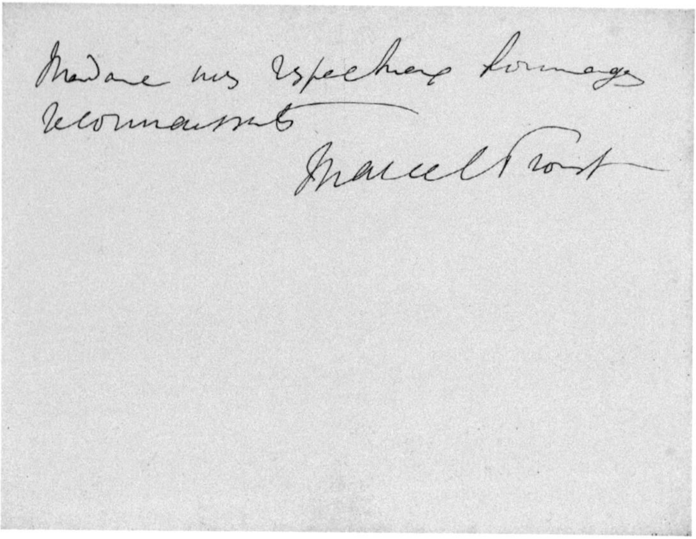

Madame mes respectueux hommages reconnaissants

Marcel Proust

15

[Ende 1914?]
Mittwoch

Madame,

möge Ihnen mein Buch genauso viel Vergnügen bereitet haben wie mir die Lektüre Ihres Briefs. Bestimmte schmerzliche Stellen über die Liebe[34] und auch gewisse mondäne Szenen sind darin recht genau getroffen. Doch die Beschreibungen befriedigen mich kaum. – Ich kenne keines der Länder, von denen Sie mir berichten. Aber ich habe oft von ihnen geträumt; und mit ihren anschaulichen und strahlenden Worten haben Sie Farbe und Licht in mein abgeschlossenes Zimmer eindringen lassen. Ihr Gesundheitszustand hat sich, wie Sie mir sagten, gebessert, und ihr Dasein verschönert. Das erfüllt mich mit großer Freude. Dergleichen kann ich für mich nicht sagen. Meine Einsamkeit hat noch zugenommen, und von der Sonne weiß ich nur, was mir Ihr Brief darüber berichtet. So war er ein segensreicher Vorbote, und, anders als das Sprichwort sagt, hat diese eine Schwalbe für mich einen ganzen Sommer gemacht. Erlauben Sie mir, Madame, Ihnen von ganzem Herzen zu danken, und mit der Bitte, mich dem Herrn Doktor zu empfehlen, sei mir gestattet, Ihnen meine ergebenen Grüße zu Füßen zu legen.

MARCEL PROUST

16

[Weihnachten 1914]

Madame,

ich bitte Sie um die Erlaubnis, heute noch – um dieses tragische Weihnachten zu veredeln, das nicht »den Menschen guten Willens den Frieden auf Erden« bringt – die ergreifenden wunderbaren Bilder behalten zu dürfen, die Sie morgen zurückerhalten werden.[35] Tatsächlich haben Sie mit diesem wundersamen Anblick, mit Ihrer intuitiven Intelligenz, die mich ganz aus der Fassung bringt, weit über meine Erwartung hinaus das fortgesetzt, was wir unlängst über die Gräfin Trépof aus *Sylvestre Bonnard*[36] sagten. Denn tatsächlich ist mir in Gestalt eines Weihnachtsscheits das unvergleichliche *Vies des Saints*, die wunderbare *Goldene* oder vielmehr purpurne *Legende*, zugekommen (sagte mir doch unlängst ein Landsmann von Doktor Williams[37], dass Reims wegen seines überwältigenden Glockenturms leider zu ungewöhnlichstem *Purpur* geworden sei), die Bibel von Reims, die ebenso wenig wie die Bibel von Amiens unversehrt geblieben ist, die Steine von Reims, die die Prophezeiung Wirklichkeit werden lassen: »Die Steine selbst werden schreien und Gerechtigkeit verlangen.«[38] Im Übrigen ist die Katastrophe von Reims, die für die Menschheit tausendmal unseliger ist als die von Leiden – und in erster

Linie für Deutschland selbst, für das Reims wegen Bamberg die Lieblingskathedrale war[39] –, vielleicht gar kein so kaltblütig ausgedachtes Verbrechen. Krieg ist Krieg, und wir beweinen nicht nur eine Menschheit aus Steinen. Doch die von Reims, deren Lächeln jenes von Vinci anzukündigen schien, in ihren Draperien, die fast zum Verwechseln an den Geist der schönsten Epoche Griechenlands erinnerten, war einzigartig. Weder das noch strenger biblische Amiens noch das heiligere unstoffliche Chartres kamen dem gleich. Und ich bin mir sicher, dass viele Reims betrauern, die noch nie die Augen zu Notre-Dame erhoben haben und die so naiv sind zu glauben, die schönste Kirche von Paris sei unsere Pfarrei, unser bescheidenes Saint-Augustin. Ich aber, der, wann immer meine Gesundheit es mir erlaubt, ebenso fromm verzückt zu den Steinen von Reims wie zu den Steinen von Venedig pilgere, ich glaube, dass ich von einem Verlust an Menschlichkeit an dem Tag sprechen darf, da die bereits halbverbrannten Säulen für immer auf jene Engel niederstürzen werden, die, nichtsahnend der Gefahr, noch immer wundervolle Früchte vom stilisierten und dichten Blattwerk des Steinwalds pflücken. Meine kranken Augen, die mir heute Abend den Dienst verweigern, beenden ein Geplauder, das endlos wäre, denn kann man sich kurzfassen, wenn man ganz zerrissen über Frankreich ausgebreitet sieht, was der heilige Bernhard, glaube ich (aber ich glaube, ich irre mich im Autor[40]), das weiße Kleid der Kirche genannt hat. Ich werde Ihnen morgen die heiligen Bilder, die unsterblichen Verwundeten zurückschicken und danke Ihnen heute dafür, an mich gedacht zu haben, mit ergebenster Hochachtung.

MARCEL PROUST

17

[März 1915]

Madame,

gestern war ich zutiefst bekümmert. Nach so vielen im Krieg gefallenen Verwandten und Freunden ist der nach Monsieur Hahn (der in den Argonnen, aber wohlbehalten ist[41]) mir liebste, ist jetzt Bertrand de Fénelon, ein rares und reizendes Geschöpf, gefallen.[42] Ich hatte nicht geglaubt, dass Gott meinem Leid noch etwas hinzufügen könne, bis ich dann von Ihrem erfahren habe. Ich habe mich so daran gewöhnt, ohne Sie persönlich zu kennen, durch die Wand hindurch, wo ich Sie unsichtbar gegenwärtig spüre, mit Ihnen zu trauern oder mich zu freuen, dass mich diese Nachricht vom Tod Ihres Herrn Bruders tief bekümmert hat.[43] Ich denke immer viel an Sie und werde das noch mehr tun, da Sie solchen Kummer haben. Ach, ich weiß nur zu gut, dass dieses Mitgefühl das Wenigste ist. Wenn wir leiden, können nur die Worte derjenigen uns erreichen, die das von uns geliebte Wesen kannten und es uns in Erinnerung bringen können. Ich selbst habe nur eine sehr weit zurückgehende und nahezu ununterbrochene Erfahrung der Trauer. Bitte empfehlen Sie mich dem Doktor und danken Sie auch Ihrem Sohn (den ich ebenfalls nie gesehen habe!), der anscheinend so nett meine

Kammerzofe nach meinem Befinden fragt. Wie gern würde ich ihm irgendein Spielzeug oder Buch zuschicken, das ihm Freude machen könnte. Aber Sie müssten mich dabei anleiten. Ich hoffe, dass sein und des Doktors inniges Mitgefühl Ihnen helfen wird, Ihr schweres Leid zu tragen, und nehmen Sie bitte, Madame, meine ergebenen Grüße entgegen.

MARCEL PROUST

Lucien Daudet hat mich an einem der vergangenen Abende besucht und bessere Nachrichten von J. Clary gebracht.

18

[April 1915]

Madame,

ich hatte diese Blumen für Sie bestellt und bin nun ganz verzweifelt, dass sie an einem Tag ankommen, an dem ich mich wider alle Voraussicht so schlecht fühle, dass ich Sie für morgen, Samstag, um Ruhe bitten möchte. Da nun aber diese Bitte in keinem Zusammenhang steht mit den Blumen, diese vielmehr allen Dufts uneigennütziger Huldigung beraubt und sie mit hässlichen Dornen spickt, möchte ich noch lieber von dieser Bitte um Ruhe absehen. Wenn Sie wie ich in Paris bleiben und ich eines Abends nicht zu sehr leiden sollte, würde ich, da der Herr Doktor und Ihr Sohn, glaube ich, weg sind und Sie sich vielleicht ein bisschen allein fühlen, in einer der nächsten Wochen gern hinaufkommen und Ihnen Gesellschaft leisten. Doch aller Verwirklichung stellen sich so viele Hindernisse in den Weg. Ich hatte dreimal abends, und mit welcher Mühe, nicht sehr schnelle Wagen besorgt, um Clary zu besuchen, der, wie mir Madame Rehbinder[44] sagte, auf meinen Besuch drängte. Das erste Mal fuhr ich mit Madame de la Beraudière[45] in die Rue du Colisée, wo man uns sagte, dass er hier nicht mehr wohne, sondern in der Rue Gali~~Colisée~~lée 32. In der Rue Galilée 32 ist der Concierge aufgestanden, um uns mitzuteilen, dass er … Clary nicht kenne. Madame Rehbinder hat den Irrtum korrigiert und mir gesagt, er wohne in der Nummer 33. Ich habe mich an einem anderen Abend wieder aufgemacht und an der 33 geklingelt, einem großartigen Stadthaus ohne Clary. Beim dritten Versuch endlich bin ich direkt auf die 37 gestoßen. Aber da habe ich mich im Stockwerk geirrt, der Aufzug fuhr bis ganz nach oben und hat mich das Gegenteil von dem tun lassen, was jeden Tag die Patienten des Doktors tun, nämlich an meiner Tür klingeln. Und als ich wieder hinuntergefahren war, spürte ich [*fehlendes Wort: dass*] der Concierge mich nicht mehr würde hinauffahren lassen und mir schwören würde, dass Clary schlafe.[46]

Ihr Ihnen hochachtungsvoll ergebener

MARCEL PROUST

19

[Sommer 1915]

Madame,

ich hoffe, Sie finden mich nicht zu aufdringlich. In diesen Tagen hatte ich sehr viel Lärm, und da es mir nicht gut geht, reagiere ich darauf noch empfindlicher. Wie ich höre, verlässt der Herr Doktor übermorgen Paris, und ich ahne, was das alles morgen im Hinblick auf »Vernageln« der Kisten bedeutet. Wäre es möglich, diese Kisten entweder heute Abend oder morgen erst ab 4 oder 5 Uhr nachmittags zuzunageln (sollte mein Anfall früher zu Ende gehen, werde ich es Sie schnellstens wissen lassen).

Oder aber, wenn sie unbedingt am Morgen zugenagelt werden müssen, sie dann in dem Teil Ihrer Wohnung zuzunageln, der über meiner Küche liegt, und nicht in dem, der über meinem Schlafzimmer ist. Mit über meinem Schlafzimmer meine ich, was auch über den angrenzenden Zimmern liegt und sogar im 4. Stock[47], denn ein derart unregelmäßiger, derart »aufrüttelnder« Lärm wie der von Schlägen ist selbst in den Bereichen zu hören, in denen er leicht gedämpft ist. Ich gestehe, dass es mir höchst unangenehm ist, Ihnen von derartigen Dingen zu sprechen, und ich bin verlegener, als ich zu sagen vermag. Meine Entschuldigung, dass ich es heute tue, mag zuallererst sein, dass ich es das ganze Jahr über nicht getan habe; sodann, dass die Rundschreiben des Kriegsministers so schnell und so widersprüchlich aufeinanderfolgen, dass meine militärische Situation, die bereits dreimal geregelt worden war, offenbar erneut in Frage gestellt ist. Ich erwarte den Besuch des Majors[48], der seit zehn Tagen angekündigt ist, aber noch nicht stattgefunden hat, was mir nur noch mehr Gründe gibt, »auf Abruf« zu leben, mich bei meinen Räucherungen stört, die ihm lästig sein könnten (da ich Tag und Stunde seines Kommens nicht kenne), und mich auf diese Weise gegenüber den Beschwernissen noch wehrloser macht. Da sie nach Ihrer Reise eintrat, hat mich diese Situation darum gebracht, einen Besuch zu wiederholen, der einen so reizenden Eindruck bei mir hinterlassen hat. Und ihr Sohn ist nicht mehr da, was mich ebenfalls traurig stimmt, denn er wenigstens hätte vielleicht »herunterkommen« können, wenn ich nicht »hinaufkommen« kann, zudem bin ich ihm noch so vieles schuldig, was mich an nicht gehaltene Versprechen erinnert. Ich weiß nicht, ob Sie Clary im Hôtel d'Albe[49] gesehen haben. Ich habe ihn noch nicht aufsuchen können und fürchte mich vor und sehne mich zugleich nach der Ergriffenheit eines solchen Augenblicks.

Nehmen Sie bitte, Madame, meine ergebensten Grüße entgegen.

MARCEL PROUST

Sie brauchen sich nicht die Mühe zu machen, mir zu antworten!

20

[um den 10. August 1915 herum]

Madame,

da Sie die Güte hatten, mich zu fragen, erlauben Sie mir, dass ich ganz offen zu Ihnen spreche. Gestern gegen 7 Uhr 30, heute gegen 8 Uhr, ~~8 Uhr 15~~ hat es mich ein wenig gestört, und Sie werden verstehen, warum. Da gestern (endlich) die Visite des Majors[50] war, der mich für einige Monate zurückgestellt hat, hatte ich mir vorgenommen, meine Zeiten zu ändern, um ein wenig bei Tage leben zu können. Und als Anfang hatte ich mir, da ich seit einigen Tagen nicht mehr geschlafen hatte, vier Stunden Schlaf zugebilligt, um meinen Anfall abzumildern. Und um zehn Uhr morgens hätte ich dann aufstehen müssen. Doch um acht Uhr waren die kurzen leichten Schläge auf das Parkett über mir so deutlich, dass das Veronal nichts genützt hat und ich aufgewacht bin, eben nur zu früh, als dass mein Anfall sich beruhigt hätte.

[*Unterhalb von »aufgewacht« ist der Satz eingefügt:*] Das mochte vorher angefangen haben, ich schlief, ich sage nicht, am schlimmsten war es um Viertel nach acht Uhr.

Meine schönen Pläne, meine Zeiten zu ändern, musste ich aufgeben (vielleicht werde ich sie wieder aufnehmen, aber das hängt nicht von meinem Willen ab, sondern von meinem Gesundheitszustand), ein Medikament nach dem anderen (mein Anfall wütete) nehmen, zu viel, was alles noch schlimmer machte. – Das erzähle ich Ihnen, weil Sie gefragt haben, und ich weiß, dass Sie es verstehen, zu meinem Leidwesen wird meine Wiederherstellung so lange auf sich warten lassen, verhindert durch so kleine Geräusche (auf die ich in einigen Tagen, wäre die Wiederherstellung geglückt, sicher mit Gleichmut reagiert hätte). Was mich stört, ist nie der Dauerlärm, sei er auch laut, wenn er nicht durch *Schläge* aufs Parkett hervorgerufen wird (dies dürfte weniger häufig im Zimmer selbst sein als an der Ecke im Flur). Und durch alles, was über das Parkett geschleift wird, dort runterfällt, läuft. – Seit vier Tagen will ich Ihnen schon die vegetabile Antwort auf Ihre Rosen[51] schicken. Das Warten auf den Major hat mich daran gehindert, sie zu schicken. Endlich werde ich es tun können. – Aber ich bin enttäuscht: Hatten Sie mir nicht versprochen, Bücher von mir zu erbitten, Bildbände, Ruskins? Das ist vielleicht zu schwer auf Ihrem Bett … Wie sehr wünschte ich zu erfahren, Madame, wie es Ihnen geht. Ich denke zu jeder Stunde an Sie. Bitte nehmen Sie meinen ergebenen Dank entgegen.

MARCEL PROUST

[*Erste Seite, oberhalb von Madame:*] Was ich Ihnen nicht sage, da ich heute so sehr leide, dass ich nicht schreiben kann, ist, wie sehr Ihre Briefe, die wahrhaft durch Geist und Herz glänzen, mich berühren und dankbar machen.

21

[Herbst 1915]

Madame,

da Annecy für mich ohne Stimme blieb (außer der Boulevard Haussmann ohne Lärm), weiß ich nicht, ob Sie meine letzten Briefe erhalten haben und insbesondere jene, in denen ich Ihnen die besten Grüße des armen Clary[52] ausrichtete. – Dies ist nur eine kurze Mitteilung unter Nachbarn. Ich bin gezwungen, in krankem Zustand auszugehen, und weiß nicht, in welchem Zustand ich zurückkommen werde! Nun ist morgen, Sonntag, der Tag, der mir gewöhnlich das Gegenteil der wöchentlichen Ruhe beschert, da in dem kleinen Hof, der an mein Schlafzimmer grenzt, die Teppiche Ihrer Wohnung mit aller Wucht geklopft werden. Darf ich für *morgen* um Gnade bitten? Oder, wenn ich meine Räucherung mache, dies ankündigen, damit dieser Moment genutzt wird? In der Hoffnung, dass Sie mich nicht allzu aufdringlich finden, erlaube ich mir, Ihnen meine ergebenen Grüße zu Füßen zu legen.

MARCEL PROUST

22

[Während des Krieges,
vor Oktober 1915]

Madame,

ich bin verwirrt (und beglückt!), dass Sie mir geschrieben haben. Sie haben Recht damit, dass dies keine »Blumensendung« war. Aber da mir eine Dame, die einmalige Gewächshäuser besitzt, diese beiden Nelken gab, die in meinen Augen wirklich selten sind, habe ich sie Ihnen geschickt, nachdem ich zunächst zwischen Ihnen, Helleu und Jacques Blanche geschwankt habe, das heißt zwischen drei Liebhabern erlesener Farben, denen man eine Blume zukommen lässt, als sei es der Flügel eines Schmetterlings. Was Sie mir über das baldige Eintreffen Ihres Sohnes berichten, freut mich. Vor allem freue ich mich für Sie. Aber doch auch ein bisschen egoistischerweise, da ich so gern Mutter und Sohn sehen würde. Und den Sohn zu sehen wäre vielleicht weniger schwierig. Denn einem Kranken in seiner Eitelkeit fällt es immerhin leichter, die ganze erbärmliche Apparatur seines Leidens einem Kind zu zeigen, und sei es noch so reizend, als einer Frau. Da Sie mich auf meine Gesundheit ansprechen, möchte ich mich Ihnen für Sonntag morgen in Erinnerung bringen. Eigentlich wäre Montag logischer, da ich just am Sonntag Freunde besuchen muss und folglich am Montag krank sein werde. Doch ich bringe mich im Gegenteil für Sonntag in Erinnerung. Denn wenn am Sonntagmorgen zu viel Lärm ist, kann ich nicht nachmittags aufstehen. – Ich habe Clary immer noch nicht besuchen können, was mich sehr betrübt. Welch ein Schicksal, dass es in diesem Paris, wo es nahezu unmöglich ist, zwei Wohnungen nebeneinander zu finden, Mutter und Sohn gelungen ist, vielleicht aus Zufall, Nachbarn zu werden, so dass Madame Clary nur an die Wand ihrer Küche klopfen musste, damit ihr Sohn sie hört, und dass sie gestorben ist, ohne dass sie sich wiedergesehen hätten. Ich schleppe in meinem Denken schon so viele verweste Tote mit mir herum, dass jede Nachricht zur Übersättigung führt und all meinen Kummer zu einem unzerstörbaren Block verdichtet. Ihr ergebener und dankbarer

MARCEL PROUST

23

[1915]

Madame,

seit langem schon wollte ich Ihnen mein Bedauern darüber zum Ausdruck bringen, dass das plötzliche Eintreffen meines Bruders mich daran gehindert hat, Ihnen während der letzten Tage Ihres Aufenthalts in Paris zu schreiben, und sodann meine Betrübnis über Ihre Abreise. Aber Sie haben mir so viele Arbeiter und eine Madame Terre[53] hinterlassen – die ich nicht wage, eher »Terrible« zu nennen (denn als ich erreicht hatte, dass die Arbeiter den Nachmittag etwas verlängern, um mit den Dingen voranzukommen, ohne mich dabei immer wieder zu wecken, gab sie ihnen den Befehl, vielleicht aus Sadismus, um *7 Uhr morgens* mit Hämmern anzufangen, über meinem Kopf, in dem Zimmer direkt über meinem Schlafzimmer, und sie müssen natürlich gehorchen), sodass ich keine Kraft zum Schreiben habe und aufs Ausgehen verzichten musste. Wie richtig von mir, abzuwarten, als Sie den Wunsch äußerten, ich möge nachforschen, ob der morgendliche Lärm von einer Wasserpumpe käme. Was war das im Vergleich zu diesen Hammerschlägen? »Es wellt hin wie Wasser übers Moos«, wie Verlaine von einem Lied sagt, »das bloß klagt, damit es euch gefällt.«[54] Ich kann ehrlich gesagt nicht behaupten, dass das mir zu Gefallen geträllert wurde. Als nebenan ein Laden renoviert wurde, habe ich mit großer Mühe erreicht, dass man täglich erst nach zwei Uhr mit den Arbeiten begann. Doch dieser Erfolg ist zunichtegemacht, da man jetzt sehr viel näher dran, über mir, um 7 Uhr anfängt. Gerechterweise füge ich hinzu, dass Ihre Arbeiter, die zu kennen ich nicht die Ehre habe (ebenso wenig wie besagte schreckliche Dame), reizend sein müssen. So praktizieren Ihre Maler (oder Ihr Maler), einzig in ihrer Art und Innung, nicht den Bund der Künste, sie singen nicht! In der Regel glaubt ein Maler, vor allem von Gebäuden, neben der Kunst von Giotto auch die von Reszké[55] pflegen zu müssen. Dieser hier schweigt, während der Elektriker klopft. Ich hoffe, dass Sie bei Ihrer Rückkehr um sich herum nichts weniger als die Fresken der Sixtinischen Kapelle vorfinden … Ich wünschte so sehr, dass Ihre Reise Ihnen guttut, was Sie durchmachen, hat mir so leidgetan, so unendlich leidgetan. Sollte Ihr reizender Sohn, der an dem mich folternden Lärm unschuldig ist, in Ihrer Nähe sein, richten Sie ihm bitte meine herzlichen Grüße aus. Ich verbleibe als Ihr ergebenster

MARCEL PROUST

Mme Williams an der Harfe (Fotografie aus Privatbesitz)

24

[November 1915]

Madame,

Ihr Brief erfüllt mich mit Dankbarkeit (und Bedauern, da Sie zu glauben scheinen, es gäbe von meiner Seite aus Zweifel). Das briefliche »Schweigen«, wofür Sie sich so nett entschuldigen, war mit einem anderen Schweigen einhergegangen, das ich seit sechs Tagen ganz deutlich wahrnahm und das, Ihnen geschuldet, mich innig erfreute. Ihre freundliche Gegenwart und Gesinnung war darin verkörpert, und ich genoss es mit Dankbarkeit. Ich fürchte, dass die unerwartete Ankunft meines Freundes Reynaldo Hahn heute um Mitternacht[56], der seit 15 Monaten zum ersten Mal von der Front zurückgekommen und in die »Schlacht« eingetreten ist, bei Ihnen Lärm verursacht hat, was eine schlechte Entschädigung für den Lärm gewesen wäre, den Sie mir erspart haben. Es hat mich sehr bewegt, ihn wiederzusehen. Ich weiß nicht recht, inwieweit meine Gesundheit mir erlauben wird, ihn in den sechs Tagen, die er in Paris verbringt, zu sehen, aber ich werde ihn bitten, nicht mehr so laut zu sein. Er steigt wie ein Wirbelwind in die Höhe und ebenso wieder hinab, mir ist das unbegreiflich. Leider wird er bis Kriegsende nicht wiederkommen … – Ich frage mich auch, ob die sehr schrille Stimme meiner Kammerzofe nicht bis zu Ihnen hoch dringt. Sie bleibt bis in den Abend bei mir und macht, wenn sie sich bewegt, keinerlei Lärm. Aber sollte ihre Stimme zu hören sein, bitte ich Sie, es mir zu melden. Wenn Sie bestimmte Änderungen in meinem Verhalten verlangten – ich kann Ihnen gar nicht sagen, welche Freude Sie mir damit machen würden. Deren tägliche Wiederholung würde Ihr Bild mit meinem Gehorsam vermischen. »Nichts gleicht der Süße ihrer Herrschaft.«[57] Ein wenig tut es mir leid, dass Sie meine letzten Briefe nicht erhalten haben (obwohl doch, wie ich glaube, korrekt adressiert). Das Pastiche des Lieds von Thérésa[58]: »C'est la terre!« hätte Sie, glaube ich, zum Schmunzeln gebracht und war weniger schlecht als das des Sonetts von Arvers, das Sie, glaube ich, wiederum erhalten haben. Clary hat mir gesagt, was für eine große Musikerin Sie waren. Werde ich nie hochkommen und Ihnen zuhören dürfen? Das Quartett von Franck, die *Béatitudes*[59], die Quartette von Beethoven (übrigens alles Musik, die ich hier habe[60]) sind Gegenstände meines allersehnsüchtigsten Verlangens. Noch nie ist es mir gut genug gegangen, als dass ich sie mir hätte anhören können (letzten Sonntag wurden die *Béatitudes* gespielt, doch ich röchelte in meinem Bett), und wenn zufälligerweise abends ein Musiker mich besuchen kommt, hindere ich ihn am Musizieren, damit das Geräusch Sie nicht stört. Welche Entschädigung wäre es, wenn ich an einem der so seltenen Abende aufstehen könnte und Sie mir erlaubten, Ihnen zu lauschen.

Nochmals Dank, Madame, und nehmen Sie bitte meine lebhaftesten und ergebenen Grüße entgegen.

MARCEL PROUST

25

[kurz vor dem 26. Februar 1916]

Madame,

bitte verzeihen Sie mir, dass ich Ihnen noch nicht gedankt habe. Ich bin es, der so wunderbare Rosen in Ihrer Beschreibung erhalten hat, von »unvergänglichem Duft«[61], der indes changiert und in den Beschwörungen einer wahren Poetin wie Sie zu allen Stunden des Tages das Aroma ins Helldunkel achatschimmernder »Intérieurs«[62] eindringen oder sich in die schwebend verwehende Atmosphäre der Gärten ergießen lässt.

Nur ... dieser Tage bin ich so krank gewesen (in meinem Bett, das ich nicht verlassen habe, und ohne das Haustor krachend geöffnet oder geschlossen zu haben, wessen ich offenbar angeklagt werde), dass ich nicht schreiben konnte. Es war mir physisch unmöglich. Behalten Sie die Zeitschriften, so lange Sie möchten. – Durch einen erstaunlichen Zufall kam Gide, über den wir sprachen und den ich 20 Jahre lang nicht gesehen hatte, mich besuchen, *während* wir in unseren Briefen von ihm sprachen. Aber ich bin nicht in der Verfassung gewesen, ihn zu empfangen.[63] Mit nochmaligem Dank, Madame, für die wunderbaren von Rosenduft purpur überzogenen Seiten. Ihr ergebener

MARCEL PROUST

Der Nachfolger des Kammerdieners macht Lärm, aber das macht nichts. Doch später hämmert er mit ganz kleinen Schlägen. Und das ist schlimmer.

26

[22. Dezember 1916]
Dienstag, 10 Uhr abends

Madame,

bei meiner Rückkehr leider erneut vom heftigsten Anfall gebeutelt, finde ich Ihren reizenden Brief vor. Der Brief bietet mir köstlichste Freude, die der Anfall wiederum mir unerbittlich verweigert. Wenn er morgen ein wenig abgeklungen ist, so er denn abklingt, werde ich mich zu Bett legen und *mehrere Tage* nicht mehr aufstehen können, welch dummer Einfall es doch von mir war, heute ein wenig auszugehen. Hätte ich heute das Bett gehütet, hätte ich morgen aufstehen, den Nachmittag an Ihrer Seite verbringen und die Hand meines alten und lieben Herrn und Meisters France drücken können, der mich einst als Erster dem Publikum vorgestellt hat.[64] Er erinnert sich an mich und vergibt mir, wie mir Lucien Daudet berichtet hat, der ihn häufig sieht. Ich war entschlossen, morgen nicht auszugehen, hatte Montesquiou abgesagt, Madame Rubinstein verletzte Darbringungen[65] vortragen zu hören, und weil ich so entschlossen war, morgen nicht auszugehen, habe ich diesen dummen Ausgang heute unternommen, ohne Leidenschaft, ohne eine Spur des Vergnügens, das ich morgen gehabt hätte. Nun, ich bin enttäuscht und untröstlich. – Seit dem Tag, an dem Sie mich mit Ihrem Besuch aufgeheitert haben, war ich die ganze Zeit krank. Übrigens könnten die Straus, von denen ich an jenem Tag kam, Ihnen gesagt haben, dass ich sie seitdem nicht habe besuchen können, da ich weiß, dass Sie mit ihnen befreundet sind. Und Clary konnte ich auch noch nicht wieder besuchen. Dagegen war mir die Freude vergönnt, meinen Bruder oft an meinem Bett zu sehen, der nach schwerer Krankheit einige Zeit in Paris weilt. Ich wollte ihm den Namen des gemeinsamen Freundes sagen, von dem Sie mir berichtet haben, und [*fehlendes Wort:* konnte] mich nicht mehr daran erinnern. Zum Glück sind Ihre Briefe zu bemerkenswert, als dass man sie nicht aufbewahrte. So werde ich den Namen wiederfinden. Was wird am Theater wohl aus den wunderbaren Sätzen von *S. Bonnard*[66], die ich auswendig kann und die mein doch so geschwächtes Gedächtnis bis ans Ende als eine Musik bewahren wird, die man als Kind geliebt hat. Welche Freude wäre es nicht gewesen, unsere empfänglichen Erinnerungen mit unserer anspruchsvollen Vorliebe zu vereinen, um das zu hören. Vielleicht ist es gut so. *Crainquebille* im Theater hat mich zum Weinen gebracht.[67] Madame, ich beneide Sie, dass Sie morgen zwischen den »Acta Sanctorum« der Gelehrten Bollandisten den alten Sylvestre Bonnard sehen, und ich danke Ihnen für den Einfall, es mich sehen zu lassen, wie Bonnard (der uralte Bonnard, der ich bin) für die kostbare Legende Comtesse Trépof[68] gedankt hätte.

Madame, bitte empfehlen Sie mich dem Doktor und nehmen Sie meine dankbarste Hochachtung entgegen

MARCEL PROUST

Mme Williams und ihr zweiter Mann, Alexander Brailowsky

ANMERKUNGEN

1 Eines der Modelle von Odette in der *Recherche*; A. d. Ü.

2 Céleste Albaret, *Monsieur Proust*, aus dem Französischen von Margret Carroux, Frankfurt am Main und Leipzig: Insel, 2004, S. 471. Zu Madame Straus, Patientin von Dr. Williams, dem ihrer Meinung nach besten Zahnarzt von Paris, die Proust drängte, diesen aufzusuchen, siehe ebd., S. 132.

3 Zwei Zeilen aus *Sagesse*, XVI; deutsch: Paul Verlaine, *Gedichte. Französisch und Deutsch*, herausgegeben und übertragen von Hannelise Hinderberger, 4. Aufl., Heidelberg: Lambert Schneider, 1979; A. d. Ü.

4 Zeile aus Victor Hugos »Ce que dit la bouche d'ombre« (*Les Contemplations*).

5 Marcel Proust, *Auf der Suche nach der verlorenen Zeit*, Band 3: *Guermantes*, aus dem Französischen übersetzt von Eva Rechel-Mertens; revidiert von Luzius Keller und Sibylla Laemmel, Frankfurt am Main: Suhrkamp 1996, S. 451.

6 Marcel Proust, *Auf der Suche nach der verlorenen Zeit*, Band 2: *Im Schatten junger Mädchenblüte*, aus dem Französischen übersetzt von Eva Rechel-Mertens; revidiert von Luzius Keller und Sibylla Laemmel, Frankfurt am Main: Suhrkamp 1995, S. 657.

7 Siehe Brief 19.

8 Bezieht sich auf eine französische Redewendung aus dem 19. Jahrhundert, »la flèche du Parthe« (Partherpfeil), zurückgehend auf eine Taktik des Reitervolks der Parther, eine Flucht zu fingieren und die Verfolger dann durch rückgewandten Abschuss von Pfeilen zu überraschen; im übertragenen Sinn eine spitze Bemerkung am Ende einer Unterhaltung; A. d. Ü.

9 Geneviève Halévy (1849-1926) war zunächst mit Georges Bizet, dann mit dem Rechtsanwalt Émile Straus verheiratet. Enge Freundin und Vertraute Prousts.

10 Bei den Williams fanden Reparaturarbeiten statt, und Proust litt unter dem Lärm.

11 Comte Robert de Montesquiou-Fézensac (1855-1921) war Literat, Dandy und ein Freund von Proust. Er wird zu einem der Vorbilder des Baron de Charlus in der *Suche nach der verlorenen Zeit.*

12 In der Reihenfolge Agrippa d'Aubigné, *Les Tragiques*, IV; Paul Verlaine, *Sagesse*; Gérard de Nerval, »Artémis«, »El Desdichado«. Deutsch: P. Verlaine, »Sagesse«, in: ders., *Gedichte. Französisch und Deutsch.* Herausgegeben und übertragen von Hannelise Hinderberger, 4. Aufl., Heidelberg: Lambert Schneider 1979, S. 193; »Artemis«, »El Desdichado« in: Nerval, *Werke III. Die Töchter der Flamme. Erzählungen und Gedichte*, aus dem Französischen übersetzt von Anjuta Aigner-Dünnwald, Friedhelm Kemp und Norbert Miller, München: Winkler Verlag 1989, S. 295 und 289.

13 Eine Textzeile aus Debussys Libretto *Pelléas et Mélisande*, Akt III, Szene 1, lautet: »Mélisande : Je vois une rose dans les ténebres«, also: Ich sehe – nicht ich bin – eine Rose in der Finsternis; A. d. Ü.

14 Es handelt sich um Bagnoles-de-l'Orne, ein Thermalbad in der Normandie. Proust evoziert auch den Familiensitz von Madame Williams im Vésinet.

15 *Portraits de peintres* (*Porträts von Malern*) erschien im Original erstmals 1896 bei Heugel und noch im selben Jahr im Sammelband *Les Plaisirs et les Jours* (*Freuden und Tage*) bei Calmann-Lévy.

16 Zwischen 1900 und 1912 hat Proust zahlreiche Artikel im *Figaro* veröffentlicht, was die Datierung dieses Briefs schwierig macht. Es könnte 1909 sein, nach der Veröffentlichung der *Pastiches* (*Nachgeahmtes und Vermischtes*), oder auch 1912, nach der Veröffentlichung von Auszügen aus *Du côté de chez Swann* (*Unterwegs zu Swann*).

17 »Prométhée triomphant«, Choral von Reynaldo Hahn zu einem Text von Paul Reboux mit Solostimme. Das Konzert wurde Freitag, den 17. Dezember 1909, unter der Leitung von Eberhard Schwickerath aufgeführt. Reynaldo Hahn und einige Freunde nahmen am Konzert und an dem folgenden Bankett teil.

18 Bezieht sich auf Pelléas' Ausspruch in *Pelléas et Mélisande*: »La vérité, la vérité…«; A. d. Ü.

19 Madame Terre ist offenbar die Person, die die Arbeiten überwacht, die Proust zusetzen (siehe Brief 23 und 24).

20 Übertragung von Wolfgang Kaußen. Im Original:

Je souffre hélas d'un mal, son nom – célèbre – est Terre.
Ce mal est sans remède, aussi j'ai dû le taire,
Celle dont je me plains n'en a jamais rien su.
Sous elle, j'ai passé sans doute inaperçu,
Reposant à ses pieds et pourtant solitaire,
Et j'aurai jusqu'au bout fait mon temps sur la terre.
Réclamant le silence et n'ayant rien reçu.
Elle que Dieu ne fit hélas douce ni tendre,
Elle avait décidé que je devais entendre,
Tout ce bruit de marteaux élevé sur ses pas.
À la sainte Pitié chaque jour infidèle,
Elle dira lisant ces vers tout remplis d'elle
« Quelle est donc cette femme ? » und ne comprendra pas.

Es handelt sich um ein Pastiche des Sonetts *L'amour caché* von Félix Arvers aus dessen Band *Mes heures perdues* (1833):

Mon âme a son secret, ma vie a son mystère,
Un amour éternel en un moment conçu :
Le mal est sans espoir, aussi j'ai dû le taire,
Et celle qui l'a fait n'en a jamais rien su.

Hélas ! j'aurai passé près d'elle inaperçu,
Toujours à ses côtés, et pourtant solitaire.
Et j'aurai jusqu'au bout fait mon temps sur la terre,
N'osant rien demander et n'ayant rien reçu.

Pour elle, quoique Dieu l'ait faite douce et tendre,
Elle suit son chemin, distraite et sans entendre
Ce murmure d'amour élevé sur ses pas.

À l'austère devoir, pieusement fidèle,
Elle dira, lisant ces vers tout remplis d'elle
« Quelle est donc cette femme ? » et ne comprendra pas.

21 »berceuse«: Amme, aber auch Wiegenlied und Schaukelstuhl; A. d. Ü.
22 »Das rauhe Verhängnis«: Stelle aus Vergils *Äneide*, VI, 882 (in der Übersetzung von Johann Heinrich Voß; A. d. Ü.).
23 Zu der Zeit denkt Proust noch an ein Werk in drei Bänden; der zweite hätte die kürzeren jetzigen *À l'ombre des jeunes filles en fleurs* (*Im Schatten junger Mädchenblüte*) und *Le côté des Guermantes* (*Guermantes*) umfasst. Die Bibliothèque nationale de France besitzt die Fahnen des bei Grasset verlegten Bandes.
24 Diese Enthüllung ist aus dem definitiven Text verschwunden.
25 Am 30. September 1914 (der Hinweis stammt von Nathalie Mauriac-Dyer; M. Proust, *Correspondance*, Bd. XIII, S. 305).
26 Alfred Agostinelli starb am 30. Mai 1914.
27 Johannes 3,8. Im Original: »L'Esprit souffle où il veut«; »esprit« hier als Übersetzung des gr. *pneuma*; in der deutschsprachigen Bibel heißt es: »Der Wind bläst, wo er will«; A. d. Ü.
28 Joachim Clary (1875-1918), 2. Comte, Freund von Proust, Lucien Daudet und Montesquiou. Er hat vermutlich die auf Japan sich beziehenden Teile der *Suche nach der verlorenen Zeit* inspiriert, war aber auch Modell für den erblindeten Baron de Charlus in der *Wiedergefundenen Zeit*. Er ist Autor von *L'Île du soleil couchant* (Arthème Fayard, 1912), einem Roman über Japan, den Marcel Proust in einem seiner Briefe vom November 1912 erwähnt.
29 Der Brief ist stark zerrissen, so dass einige Passagen fehlen.
30 Doktor Léon Faisan (1851-1922) wird in der Korrespondenz von Proust häufig erwähnt. Er war Spezialist für Atemwegserkrankungen und Arzt am Hôpital Beaujon.
31 Juni und Juli 1914. 48 und 52 Heftseiten, Auszüge aus *À l'ombre des jeunes filles en fleurs* (*Im Schatten junger Mädchenblüte*) und *Le Côté des Guermantes* (*Guermantes*).
32 Im Original »épreuves«: Proust spielt hier mit den beiden Bedeutungen des Worts: »Prüfungen« und »Druckfahnen«; A. d. Ü.
33 Der Dichter Maurice Rostand und der Maler Jacques-Émile Blanche sind wie Proust intime Freunde von Lucien Daudet. Alle drei haben *Du côté de chez Swann* (*Unterwegs zu Swann*) lobende Artikel gewidmet.

34 Proust spielt hier auf Swanns Liebe für Odette an und auf die Soiréen bei den Verdurins und bei Madame de Saint-Euverte.

35 G. Damar-Latour, *Ce qu'ils ont détruit. La cathédrale de Reims bombardée et incendiée en septembre 1914*, Paris: Éd. pratiques et documentaires.

36 In *Le Crime de Sylvestre Bonnard* von Anatole France (1881) schenkt die Fürstin (und nicht Gräfin) Trépof Bonnard die von ihm so heißbegehrte Handschrift der *Goldenen Legende* (Legenda Aurea), eingebettet in ein Holzscheit. Proust erwähnt dieselbe Episode in einem Brief an Madame Scheikévitch vom 13. Mai 1915 (*Correspondance*, Bd. XII, S. 173).

37 Möglicherweise Walter Berry, Präsident der amerikanischen Handelskammer in Paris und Freund von Proust.

38 Könnte sich auf Lukas 19,39/40, beziehen: »39. Und etliche der Pharisäer im Volk sprachen zu ihm: Meister, strafe doch deine Jünger! 40. Er antwortete und sprach zu ihnen: Ich sage euch: Wo diese werden schweigen, so werden die Steine schreien«; A. d. Ü.

39 Zum Beschuss der Kathedrale von Reims siehe Thomas W. Gaehtgens, *Die brennende Kathedrale. Eine Geschichte aus dem Ersten Weltkrieg*, München: Beck 2018; A. d. Ü.

40 Die Wendung stammt tatsächlich von dem Mönch Rodulfus Glaber (wahrsch. 985-1047).

41 Reynaldo Hahn ist im April 1915 in Vauquois in den Argonnen.

42 Bertrand de Fénelon (1878-1914) starb am 17. Dezember 1914 in Mametz.

43 Der Bruder von Madame Williams, Oberleutnant Alphonse Émile Georges Marcel Pallu (1882-1915) vom 3. Dragonerregiment, verstarb am 13. Februar 1915 in Nantes an den Folgen einer Krankheit, die er sich beim Feldzug zugezogen hatte.

44 Die Comtesse Wladimir Rehbinder, geborene Jacqueline Contéré de Montbrison (1871-1925), schrieb Modeartikel. Sie war geschieden von Comte Jacques de Pourtalès (1858-1919).

45 Madame de la Béraudière war die Geliebte des Comte Greffulhe. Proust findet sie »in jeglicher Hinsicht reizend und geistig sehr lebendig und offen« (*Correspondance*, Bd. XIV, 1915, S. 165). Céleste Albaret zufolge »wußte [Madame la Béraudière] nicht, was sie anstellen sollte,

um sein Interesse auf sich zu lenken« (C. Albaret, *Monsieur Proust*, a. a. O., S. 236).

46 Proust muss Clary dann endlich wiedergesehen haben, vor dem 15. Oktober 1915.

47 Die Praxis des Zahnarztes lag im 2. Stock, oberhalb der Wohnung von Proust. Seine Privatwohnung war im 3. Stock.

48 Es handelt sich um den Militärarzt (siehe Brief 20).

49 Nach dem Baedecker von 1914 »ein erstrangiges Hotel auf den Champs-Élysées, Avenue de l'Alma Nr. 55 und Avenue des Champs-Élysées Nr. 101«. Die Avenue d'Alma heißt heute Avenue George V.

50 In einem Brief vom 7. August 1915 schreibt Proust: »Ich kann mich dieser Tage nicht von hier fortbewegen, da ich die Visite des Majors erwarte, von der ich weder Tag noch Stunde kenne.« Die Visite fand am 8. oder 9. August statt.

51 Es handelt sich um Madame Williams' Zeilen über die Rosen (die uns nicht überliefert sind). Siehe Brief 4.

52 Der *Correspondance* (Bd. XIV) zufolge hat Proust Clary Mitte Oktober 1915 zweimal gesehen.

53 Zu Madame Terre siehe die Briefe 10 und 24 [das nachfolgende »Terrible« – »fürchterlich«, »schrecklich« – stammt von lat. *terrere* ab (erschrecken); »Terre«: von lat. *terra* (Erde, Boden, Land); A. d. Ü.]

54 Verlaine: »un frisson d'eau sur de la mousse«: Zeile aus »Écoutez la chanson bien douce«, 1858, sechzehntes Gedicht des Sammelbands I von *Sagesse*: Écoutez la chanson bien douce / Qui ne pleure que pour vous plaire, / Elle est discrète, elle est légère / Un frisson d'eau sur de la mousse!« (»Hört das sanfte Lied, das bloß / klagt, damit es euch gefällt; / es ist leis und leicht; und wellt / hin wie Wasser übers Moos«; Verlaine, *Gedichte. Französisch und Deutsch.* a. a. O., S. 159).

55 Der polnischstämmige Jean de Reszké (1850-1925) war Opernsänger (Tenor) wie sein Bruder Edouard (Bass).

56 Er kam am 11. oder 12. November 1915 aus Vauquois. Zum Dank für diese Besuchserlaubnis führte er die Premiere von *Ruban dénoué* auf.

57 Charles Baudelaire, *Die Blumen des Bösen / Les Fleurs du Mal*, deutsch von Friedhelm Kemp, München: Deutscher Taschenbuch Verlag 1986, S. 91.

58 Reynaldo Hahn war ein leidenschaftlicher Bewunderer von Thérésa, der Königin des Variétés. Sie sang *La Terre* (Eldorado, 1888) nach einem Gedicht von Jules Jouy, vertont von ihm selbst und arrangiert von Léopold Gandolff. Das Gedicht beginnt mit »Amme und Mutter / Das ist die Erde (*terre*): / Blume und Getreide keimend / Unter der Erde.« Proust erwähnt das Lied, um sich über Madame Terre lustig zu machen, siehe die Briefe 10 und 23. (Die Hinweise kamen dankenswerterweise von Benoît Duteurtre). Proust hatte das Lied 1888 im Châtelet, in *Cendrillon*, gehört.

59 *Les Béatitudes* von César Franck.

60 Was bestätigt, dass Proust Partituren konsultierte.

61 Titel eines Gedichtbands der Comtesse de Noailles.

62 Worauf spielt Proust an? Auf ein Stück von Maeterlinck, ein Gedicht von Mallarmé oder auf ein Gedicht seiner Nachbarin?

63 Gide schreibt in seinem Tagebuch (Freitag, 26. Februar 1916): »Den Abend bei Marcel Proust beendet (den ich seit 92 nicht mehr gesehen hatte)« (André Gide, *Tagebuch 1903-1922*, aus dem Französischen übertragen von Maria Schäfer-Rümelin, neu bearbeitet von Johanna Borek und Christina Viragh Mäder, Stuttgart: Deutsche Verlags-Anstalt 1990, S. 497).

64 Im Vorwort zu Prousts *Freuden und Tage* (im Original 1896 bei Calman-Lévy).

65 [Im Original »offrandes blessées«:] *Les Offrandes blessées* hießen die 1915 beim Verlag Sansot veröffentlichten Kriegselegien von Robert de Montesquiou. Ida Rubinstein (1885-1960) war eine berühmte russische Tänzerin und Schauspielerin. Das Rezital hat wohl Mittwoch, den 20. Dezember 1916, im Théâtre Sarah-Bernhardt stattgefunden. Der Brief könnte damit auf Freitag, den 22., datiert werden.

66 Der Briefroman von Anatole France *Le Crime de Sylvestre Bonnard* (Das Verbrechen des Sylvester Bonnard; deutsch auch unter den Titeln *Sylvester Bonnard und sein Verbrechen* bzw. *Die Schuld des Professors Bonnard*) bildet die Vorlage eines Stücks in drei Akten von Pierre Frondaie, das ab dem 22. Dezember 1916 im Théâtre Antoine gespielt wurde.

67 Das Stück *Crainquebille* nach der Novelle von Anatole France wurde 1903 mit Lucien Guitry am Théâtre de la Renaissance gespielt.

68 Siehe Brief 16.

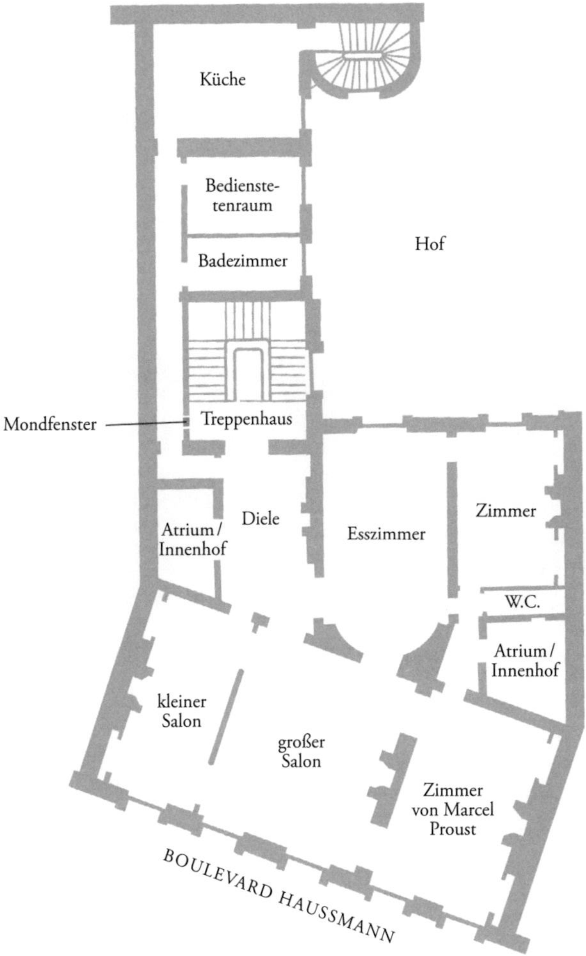

Plan der Wohnung im Boulevard Haussmann 102, die Marcel Proust von 1907 bis 1919 bewohnte

ÜBER REVIER UND GERÄUSCH

Als Kind mußte ich eine Weile mit meiner älteren Schwester in einem Zimmer schlafen. Ich hörte sie atmen. Ich wehrte mich, noch kaum des Sprechens fähig, indem ich krank wurde und so laut zu husten begann, daß man die Schwester dauerhaft aus dem Zimmer entfernte.

Im nachhinein verstehe ich das nicht, denn das Haus, in dem ich aufwuchs, war außergewöhnlich groß, es hätte darin von Anfang an genug Zimmer für alle gegeben.

Die Größe des Hauses und seine Abgeschiedenheit führten dazu, daß es den dort Aufgewachsenen bis heute teils schwer erträglich ist, mit anderen Menschen auf Nahdistanz zusammenzuleben. Vornehmlich teilt sich die Anwesenheit anderer Menschen über Geräusche mit.

Ich beobachte das immer an Hunden in Mietshäusern. Bisweilen kann man ihnen anmerken, wie nervös sie durch das kleinste Geräusch gemacht werden. Geräusche in Treppenhäusern können sie regelrecht erschrecken. Sie sind fortwährend im Alarmzustand. Wobei sie merklich unterscheiden zwischen den Geräuschen, die innerhalb der eigenen Wohnung entstehen, diese werden als ungefährlich und unbedrohlich empfunden, und denen von außen. Es muß also mit Revierverhalten zu tun haben.

Als Kind reichte es mir, ein eigenes Zimmer zu haben

und die Schwester entfernt zu wissen. Ansonsten hatte ich keine Schwierigkeiten mit Geräuschen.

Und als Jugendlicher schon gar nicht! Das waren die Jahre zwischen 13 und 18, als ich mir sozusagen die Welt zu meiner eigenen machte. Natürlich war ich sozial und finanziell vollständig abgesichert durch meine Eltern, aber meinem damaligen Selbstverständnis nach war mir das schnuppe. Ich schlief auf Parkbänken, aß in Stehrestaurants nach Belieben die halb gegessenen Gerichte auf, schnorrte sogar um Bier und konnte mir all das erlauben, weil ich nie für die Schule lernen mußte und dennoch ständig die besten Klausuren schrieb. Während all der Jahre gab es kein einziges Geräusch, das mich jemals gestört hätte, weder Schwester noch Flugzeuge, noch die grölenden Säufer in den uns benachbarten Gärten. Ich ging auf irgendwelche Partys und konnte mich problemlos in die nächste Ecke werfen und einschlafen. Ich lebte draußen wie drinnen, hatte jede Nacht mein Fenster sperrangelweit geöffnet, und wenn ich mit Freunden und einem Bierkasten herumsaß, dann konnte direkt daneben eine Baustelle lärmen, es störte niemanden, und wenn sie dort dämliche Musik hörten, störte das ebenfalls nicht. Wir fanden es eher lustig und neigten dann zu Verbrüderungen.

Ein weiteres Phänomen: Die Geräusche von Autos fielen mir gar nicht auf, sie kamen mir nicht einmal zu Bewußtsein, und wenn ein damals noch nicht getuntes, sondern einfach so knatternd lautes Moped durch die Straße knallte, erzeugte das keinerlei organische Regung in mir. Ich fand es immer nur seltsam, wenn meine Mutter dann sagte, es verursache ihr Herzrasen. Die Musik, die ich hörte, von Dead Kennedys über Motörhead bis DAF, führte bei ihr übrigens auch zu Herzrasen. Beides fand ich ziemlich spießig. Ich hörte auch andere Musik (Bach, Schubert), die quälte sie nicht so.

Bei Straßenfesten standen wir gern etwas abseits in kleineren Straßen mit Weinflaschen vor Ein- oder Zweifamilienhäusern und setzten uns auf deren Gartenmäuerchen, mitunter auch um Mitternacht. Dort rauchten wir und tranken und unterhielten uns lebhaft und fanden es immer ganz lustig, wenn die Anwohner irgendwann die Polizei angefahren kommen ließen. Kurz, mein und unser Revier war damals sozusagen die ganze Welt unserer Jugend, deshalb konnte kein Geräusch von draußen hereindringen, denn es gab kein Draußen. Drinnen und Draußen waren gleich.

Ich fand es zudem eigenartig, daß die Vorgängergeneration, also die meiner Eltern, so damit beschäftigt war, Reviere abzustecken und sich Häuser zu bauen, sich gegen eindringenden Lärm zu wehren und überhaupt immer so unentspannt zu sein. An meinem Elternhaus lief die Main-Weser-Bahn vorbei, mein Fenster blickte direkt auf das große Viadukt, das unser Stadtviertel kreuzte, die »24 Hallen«. Die Eisenbahnen, Personen- und Güterzüge, fuhren tags wie nachts, und die Züge waren damals nicht gerade leise. In der Nacht genoß ich es, wenn sie langsam angerauscht kamen, das Geräusch anwuchs, raumfüllend wurde, irgendwie beruhigte es mich, nahm mich mit, ich ging darin auf. Es gehörte ebenso zu meinem Leben dazu wie das Plätschern der Usa, des kleinen Flusses, der sich direkt unter meinem Fenster dahinzog. Meine Eltern aber hatten, wohlwissend um die Bahn, dennoch genau dort gebaut und störten sich nun seit Einzug immerfort an den vorbeifahrenden Zügen, prozessierten sogar gegen die Bahn. Ich konnte das gar nicht glauben. Zumal sie zur anderen Seite hin schliefen und ich ja die Geräusche viel unmittelbarer mitbekam.

Dieses Welten-Idyll, das mir mein von den Eltern vollständig abgesichertes Leben verschafft hatte, bekam einen ersten Riß, als ich in der Oberstufe war. Ich hatte damals angefangen, täglich stundenlang ein Instrument zu üben, weil ich mich für die Aufnahmeprüfung an einer Musikhochschule vorbereitete. Nun sind klassische Instrumente vergleichsweise empfindlich, und je besser die Tonbildung ist, die man auf ihnen entwickelt hat, desto sensibler wird das Ohr für alles, was das Instrument betrifft. Mein Zimmer lag direkt über der Küche. Kaum beginne ich zu stimmen, geht unten der Wasserhahn an. Mit einem laufenden Wasserhahn kann ich nicht stimmen. Der Wasserhahn verstummt, ich greife wieder zur Tongabel, klopfe sie gegen mein Knie und setze sie auf das Instrument, da geht unten der Wasserhahn wieder an. Das geht so fünf-, sechsmal, dann beginnt Töpfeklappern etc.

Dieses feindliche Geräusch, der Wasserhahn, war für mich leicht zu personalisieren. Es war ja meine Mutter, die den Wasserhahn betätigte, die Hausfrau in der Kittelschürze. Kurz, das Geräusch *war* sie. Ich übertrug den Angriff nicht allgemein auf eine Welt da draußen, sondern ausschließlich auf die Wasserhahn-Mutter. Und sie störte auch lediglich beim Stimmen. Sonst war noch alles beim alten. Daß ich ein gesteigertes Bedürfnis nach Geräuschlosigkeit gehabt hätte, war für mich nicht auszumachen.

Der eigentliche Beginn der späteren Katastrophe, das Bewußtwerden einer Umwelt als Draußen, datiert auf einen bestimmten Samstag, es mag im Sommer 1989 oder 90 gewesen sein, ich war damals Student und übernachtete zufällig an einem Wochenende in meinem Elternhaus, also in meinem alten Zimmer mit Fluß und Viadukt. An jenem Morgen, ich lag noch im Bett, hörte ich, wie gegenüber meinem Fenster auf der anderen Seite des Flusses jemand an das Gatter eines Schrebergartens klopft und nach einem »Herrn Uhlig« ruft.

»Herr Uhlig!«

»Herr Uhlig, mache Se ma die Tür uff!«

Das geht einige Minuten, stört mich aber nicht. Dann ist es vorbei, der Mann entfernt sich, ich höre es durch seine Schritte auf dem Kiesweg. Nach einer Weile, ich liege immer noch im Bett, hört man wieder Schritte, wieder

Pochen und wieder die langsame, sich allzu behäbig wiederholende, wahrscheinlich schon angetrunkene Stimme: »Herr Uhlig! Herr Uhlig, mache Se doch ma die Tür uff.«

Das dauert vielleicht eine Viertelstunde, der Mann bleibt beharrlich stehen und hat offenbar sonst nichts weiter zu tun, als nach einem Herrn Uhlig zu rufen, der, wie zu vermuten steht, völlig besoffen in seiner Hütte liegt. Kann sein, daß das schon dutzende Male passiert ist, bei anderen Hütten in anderen Zusammenhängen, und es früher jahrelang durch das geöffnete Fenster gedrungen war, ohne daß ich auch nur eine Spur Aufmerksamkeit darauf verwendet hätte. Nun aber, an diesem Morgen, stehe ich auf und schließe das Fenster. Ich bin nicht mißgestimmt, nur etwas entnervt, und noch durch das geschlossene Fenster hört man:

»Herr Uhlig!«

»Herr Uhlig, mache Se doch bidde ma die Tür uff!«

Am Nachmittag sitze ich am Schreibtisch und erledige dort irgend etwas, auch da höre ich den Mann wieder dasselbe rufen. Ebenso am Sonntagmorgen. Dann reise ich ab.

Als ich zwei Wochen später wieder in dem Zimmer schlief, wieder samstags, ereignete sich dasselbe, ich stand diesmal sofort auf, schloß das Fenster und erzählte die Geschichte unten am Kaffeetisch. Ich kannte den Mann und jenen »Uhlig« nicht, ich konnte den Angriff des »Draußen« nicht personalisieren, dieser blieb allgemeiner als früher der durch die atmende Schwester oder den Wasserhahn der Mutter. Mit sechzehn, siebzehn hätte ich mich um diesen »Uhlig« im Leben nicht geschert.

Seit diesem Tag war ich aufmerksam auf Geräusche. Wobei das Wort »aufmerksam« nicht die Aufmerksamkeit eines Schülers im Unterricht meint, sondern das ungesteuerte Aufmerksamsein des Tieres in seinem Revier.

So nahm die Tragödie bei aller Unscheinbarkeit des »Uhlig«-Anfangs ihren Lauf. Es errichtete sich bald ein Geräusche-Kosmos um mich herum, der mich unentrinnbar überall in seine Mitte nahm. Ich bewohnte eine Einzimmerwohnung in einem Block in Frankfurt, mein Nachbar zur Linken schaute jeden Abend Ballerkrimis bis in die Nacht (quietschende Autoreifen inklusive), trank dabei vermutlich Bier und entließ dieses am nächsten Frühmorgen in eine Toilettenschüssel, die direkt an der Wand zu meinem Bett angebracht war. Unter dem Fenster befand sich zudem ein Parkplatz für den ganzen Wohnblock, der sich allmorgendlich kontinuierlich leerte. Dann kamen Wohnungen, in denen Lüftungen, Musikanlagen, Fernsehapparate und Waschmaschinen ihr tägliches und nächtliches Leben führten. Mal trainierte einer nachts mit dem Laufband in der Wohnung über uns, mal hörte jemand jeden Sonntag ein zweistündiges 10-Uhr-Konzert, so daß wir dasaßen wie neben den Fanfaren von Jericho. Eine Zeitlang war ich so ruiniert, daß ich kaum mehr ein Restaurant betreten konnte, weil unter dem Fenster, an dem ich saß, mit Sicherheit eine Baustelle lag, mit Preßlufthammer etc.

Was sich daraus ergab, war eine einzige, ziellose Flucht, die jedoch in bloßer Kreisbewegung stattfand. Einige Jahre wohnte ich im Haus meiner Großmutter. Die Lage sah unverdächtig aus. Ich hatte das Haus als Kind geliebt. Nur leider, wie ich erst nach dem Einzug begriff, war es von zwei Straßen umgeben. Von den Straßen hatte ich natürlich vorher gewußt, mir aber keine Gedanken über sie gemacht. Die eine war permanent befahren, die andere weniger, barg aber direkt vor dem Haus einen Gulli, über den jedes Auto fuhr, erst mit dem Vorder-, dann mit dem Hinterrad. *Ta-Tack!* Man hörte das Gullideckelgeräusch bis in den Keller. Gegenüber kläffte übrigens der Köter einer Frau, die so fett war, daß sie die drei Treppen in den Garten herunter nicht schaffte, um dort ihr Vieh zur Raison zu bringen. Und als wir nach Frankfurt-Sachsenhausen zogen und dort zufällig einmal für ein Jahr Ruhe hatten, eröffnete die neue Landebahn des Flughafens. Unser ebenso wie ich »geräuschaufmerksamer« Nachbar in der Wohnung unter uns brachte sich kurzentschlossen um, wir zogen wieder aus und kreiselten weiter.

Das Thema Lärm oder Geräusch wurde literarisch oft behandelt. Der klassische Text dazu stammt von Arthur Schopenhauer und heißt schlicht »Ueber Lerm und Geräusch«. Er ist sehr polemisch und beschimpft all jene Geräuschverursacher, denen Lärm oder Geräusche schlichtweg egal sind. Schopenhauer nimmt dafür biologische Gründe an, es liege an der »zähen Beschaffenheit und handfesten Textur ihrer Gehirnmasse«. Ein berühmter Geräuschflüchtling ist Marcel Proust. Er ließ das Zimmer, in dem er größerenteils *Auf der Suche nach der verlorenen Zeit* geschrieben hat, mit Korkplatten auslegen. Schopenhauer stört sich vor allem am Peitschenknallen auf der Straße, Prousts Aufmerksamkeit richtet sich auf Geräusche innerhalb des Hauses. Das eigentliche Übel für Schopenhauer besteht darin, daß Lärm und Geräusch Gedanken unterbrächen. Sie verhinderten jede Art von höherer Kultur. Proust störten Geräusche beim *Schreiben,* aber auch schon beim bloßen *Leben*, und vor allem beim Schlafen, das ihm sowieso schlecht gelang.

Nun aber folgende Seltsamkeit: Ich selbst konnte bei größtem Lärm mitunter hervorragend schreiben. Selbst Preßlufthammer konnten das nicht verhindern. Einmal habe ich einen Roman in einer DB-Lounge beendet, zwei Stunden lang schrieb ich, nichts konnte mich davon abbringen. Ich saß direkt unter einem riesigen Fernseher, es lief Fußball. Ich schrieb wie ein Sturzbach. Ein solches Sturzbach-Erlebnis hatte ich auch einmal in einer Gastwirtschaft. Ich saß im lauten Gastgarten und schrieb fünf Stunden lang ein ganzes Kapitel. Als Schriftsteller werde ich oft gefragt, ob ich Ruhe, ein stilles Zimmer, Zurückgezogenheit, ja Abgeschiedenheit zum Schreiben bräuchte. Nein, das brauche ich nicht – wenn das Schreiben klappt, wenn der Fluß da ist. Ist er nicht da und bleibt es beim bloßen tappenden Versuch, stört mich dagegen alles. Allerdings nicht nur dann. Wenn ich nicht arbeite, wenn ich gar nichts tue, wenn ich einfach nur dasitze oder daliege, dann sind Geräusche (oder Lärm, das ist gehupft wie gesprungen) nämlich das allerschlimmste. Es ist dann egal, ob auf einer Großbaustelle die Nacht durchgearbeitet wird oder ein einzelner Hund hundert Meter entfernt die Nacht halblaut durchbellt.

Schopenhauer thematisiert in seinem Text ausschließlich die Geräusche, die auch für mich ausschlaggebend sind: nämlich die anthropogenen. Ich weiß aber nicht, ob ihm das bewußt ist. Er sagt an keiner Stelle, daß er ausschließlich an *durch Menschen verursachten* Geräuschen verzweifelt: Hämmern, Klopfen, Trommeln, Peitschenknall, Hundegebell. Daß Hundegebell ein menschgemachtes Geräusch ist, ist hierbei kein Widerspruch. Hunde werden im Regelfall gezüchtet und besessen, entspringen also dem Willen des Menschen.

Mir selbst ist es noch nie passiert, daß ich mich an Geräuschen gestört habe, die nicht menschengemacht sind. Singvögel habe ich zu jeder Nacht- oder Frühmorgenszeit gern gehört. Das Geräusch von Wind, Sturm, Regen empfand ich stets als wohltuend. Das Zittern der Blätter, das Pochen von Spechten, nichts kann mich stören. Im Gegenteil, es ist immer das schönste auf der Welt.

Dagegen Regentropfen, die beim Nachbarn aus der

Dachrinne auf ein Blechdach oder einen Blechdeckel knallen: menschengemacht. Klapperndes Holz von Verschlägen: menschengemacht. Entsprechend Fernseher, Motorräder, Musikanlagen, Autos, Straßen, Flugzeuge, sämtliche Zivilisationsgeräusche, alles, wofür Menschen als Urheber gedacht werden können. Treten die Geräusche in einen entfernteren Hintergrund und verlieren ihren Bezug zu einem Einzelurheber, werden sie zu einem Rauschen und greifen immerhin weniger stark an. Monotonie der Wiederholung von Einzelgeräuschen ist das allerschlimmste.

Eine ehemalige Kommilitonin von mir hatte in längst vergangenen Zeiten ein Studentenwohnheimzimmer und dieses zwei Monate lang nicht aufgesucht, weil sie zu der Zeit bei einem Freund lebte. Sie hatte aber vergessen, ihren Wecker auszustellen. Er weckte jeden Morgen um halb sieben Uhr und dann die nächste Stunde alle zehn Minuten. Lärm ist das nicht. Es ist bloß ein Geräusch. Ein nicht lautes Geräusch in der Stille des Morgens. Es kommt jeden Morgen um halb sieben. Objektiv und nach Dezibel meßbar ist das kaum etwas. Schopenhauer hätte polizeilich niemals etwas dagegen unternehmen können. Kein Vergleich zu startenden oder landenden Flugzeugen. Kein Vergleich zu getunten Autos. Leiser vielleicht sogar als eine Nachtigall bei offenem Fenster. Aber es war für alle Umliegenden die Hölle.

BILDNACHWEIS

Für die Faksimiles: Privatsammlung / Musée des Lettres et Manuscrits, Paris.

Für die Fotos auf den Seiten 18, 19, 82: Sammlung Gérard Emler.

Für das Foto auf Seite 91: © Getty Images / Hulton Archive / Apic.

 Bezugspapier: Kleisterpapier von Gisela Reschke, Hamburg. Gesetzt in der Schrift Adobe Garamond Pro. Gedruckt auf holzfreies, alterungsbeständiges Werkdruckpapier der Firma Cordier, Bad Dürkheim von der Memminger MedienCentrum AG. Gebunden in Fadenheftung von der Conzella Verlagsbuchbinderei GmbH & Co KG, Aschheim-Dornach.
Printed in Germany. ISBN 978-3-458-19500-9